Die Barmer Theologische Erklärung

Einführung und Dokumentation

Herausgegeben von
Alfred Burgsmüller und Rudolf Weth

Mit einem Geleitwort
von Eduard Lohse

Neukirchener Verlag

© 1983 – 4. Auflage 1984 – 41.–45. Tsd.
Neukirchener Verlag des Erziehungsvereins GmbH,
Neukirchen-Vluyn
Umschlaggestaltung: Kurt Wolff, Düsseldorf
Gesamtherstellung: Breklumer Druckerei Manfred Siegel
Printed in Germany
ISBN 3-7887-0732-1

CIP-Kurztitelaufnahme der Deutschen Bibliothek

Die Barmer Theologische Erklärung: Einf. u.
Dokumentation / hrsg. von Alfred Burgsmüller u.
Rudolf Weth. Mit e. Geleitw. von Eduard Lohse. – 4. Aufl. –
Neukirchen-Vluyn: Neukirchener Verlag, 1984.
   ISBN 3-7887-0732-1
   NE: Burgsmüller, Alfred [Hrsg.]

Inhalt

Geleitwort

Am 31. Mai 1984 jährt sich zum fünfzigsten Male der Tag, an dem die Bekenntnissynode der Deutschen Evangelischen Kirche ihre Theologische Erklärung beschloß. Dies war im Jahre 1934 ein kaum erwartetes bedeutsames Ereignis. Auf der Grundlage der Barmer Erklärung war es möglich, die Ansprüche des nationalsozialistischen Staates auf die evangelische Kirche zurückzuweisen. Trotz überkommener Unterschiede wurde im Akt gemeinsamen Bekennens die Einheit der evangelischen Christenheit in Deutschland erfahren. Die Barmer Erklärung ist deshalb nach wie vor von großer und richtungweisender Bedeutung für die kirchliche Zusammengehörigkeit in der Evangelischen Kirche in Deutschland.

Es lohnt sich auch heute für jeden evangelischen Christen und jede Gemeinde, die nachfolgenden Beiträge und insbesondere die Dokumente dieser Bekenntnissynode zu lesen. In ihrer klaren und kraftvollen Sprache versteht es gerade die Theologische Erklärung, die entscheidenden Grundlagen unseres Glaubens in einer besonderen Situation deutlich zu machen. Wir alle können von diesem Ereignis lernen — und die Texte von Barmen helfen uns noch heute, zu vielen Fragen unserer Zeit aus christlicher Verantwortung Stellung zu beziehen.

Die Aussagen der Bekenntnissynode von Barmen haben weit in den ökumenischen Bereich hinein gewirkt. Im vergangenen Jahr überraschte eine ökumenische Delegation aus der Volksrepublik China den Rat, als ihr Sprecher seine Begrüßung mit einem Hinweis auf Barmen begann.

Der Rat der Evangelischen Kirche in Deutschland hofft, daß diese Veröffentlichung dazu beiträgt, die geistlichen Impulse von Barmen im Leben unserer Gemeinden fruchtbar werden zu lassen.

Landesbischof D. Eduard Lohse
Vorsitzender des Rates der
Evangelischen Kirche in Deutschland

Vorwort der Herausgeber

Die Theologische Erklärung von Barmen ist nach 1945 in die Grundordnungen bzw. Verfassungen vieler evangelischer Kirchen in Deutschland aufgenommen worden. In einigen Kirchen werden Kirchenälteste und Pfarrer auf sie verpflichtet. Diese kirchenrechtliche Verankerung weist auf die theologische Bedeutung der Erklärung hin.

Der Text der Theologischen Erklärung ist für Gemeindeglieder im allgemeinen schwer greifbar; eine Ausnahme bilden die Kirchen, in denen die Barmer Theologische Erklärung in den Anhang des Gesangbuchs aufgenommen worden ist. Das ist um so bedauerlicher, als die Synode in Barmen 1934 sich mit dieser Erklärung an die Christen und Gemeinden wandte mit der Bitte, die darin enthaltenen theologischen Grundentscheidungen mit zu tragen und zu vertreten.

Diesem Mangel wollen wir mit der vorliegenden Ausgabe abhelfen. Dabei lag uns daran, die Theologische Erklärung auch in den geschichtlichen Zusammenhang ihres Entstehungsprozesses zu stellen. Deshalb haben wir Herrn Präses i.R. D. Dr. Beckmann, der an den Verhandlungen und Entscheidungen im Vorfeld und während der Tagung der ersten Bekenntnissynode in Barmen vom 29. bis 31. Mai 1934 beteiligt war, gebeten, über die Vorgeschichte der Synode zu berichten. Herr Dr. Nicolaisen von der Arbeitsgemeinschaft für kirchliche Zeitgeschichte ist den einzelnen Entwicklungsstadien der Erklärung nachgegangen und beschreibt diesen Weg ihrer Textgestalt. Wir sind beiden dankbar, daß sie durch ihre Aufsätze die Gemeindeausgabe der Theologischen Erklärung von Barmen bereichert haben.

Nach dem Beschluß der Synode von 1934 ist die Theologische Erklärung »im Zusammenhang mit dem Vortrag von Pastor Asmussen« zu sehen, den dieser zu ihrer Erläuterung vor der Synode gehalten hat. Deshalb war der Vortrag mit abzudrucken.

Eine Übersicht zeigt die kirchenrechtliche Rezeption der Theologischen Erklärung durch die evangelischen Kirchen in den beiden deutschen Staaten. Sie beschränkt sich darauf, das Vorkommen in den Verfassungen und Ordinationsordnungen zu registrieren. Die gegenwärtige Bedeutung der Theologischen Erklärung versucht ein Text zu würdigen, der aus der Zusammenarbeit einer Kommission der Evangelischen Kirche in Deutschland und einer Kommission des Bundes der Evangelischen Kirchen in der DDR hervorgegangen ist.

Über die Theologische Erklärung hinaus sind auf der Barmer Synode weitere Beschlüsse gefaßt worden, die sich bis heute im Leben der Kirche und der Gemeinden auswirken. Weil sie, abgesehen von der wissenschaftlichen Literatur, nicht mehr zugänglich sind, haben wir sie hier ebenfalls aufgenommen.

Die Einführungen zu den einzelnen Texten und die nicht namentlich gezeichneten Beiträge sind von den Herausgebern verfaßt. Für mancherlei Mithilfe danken wir Frau Pastorin Ulrike Berger in der Kirchenkanzlei der EKU.

Alfred Burgsmüller   Rudolf Weth

Joachim Beckmann

Der Weg zur Bekenntnissynode der Deutschen Evangelischen Kirche in Barmen 1934

Die Deutschen Christen hatten mit Hilfe der Nationalsozialistischen Deutschen Arbeiterpartei (NSDAP), insonderheit ihres Führers und Reichskanzlers Adolf Hitler, durch die Kirchenwahl vom 23. Juli 1933 die Herrschaft in der Deutschen Evangelischen Kirche (DEK), in den meisten Landeskirchen und in unzähligen Gemeinden erlangt. Sie besetzten fast alle leitenden Stellen in den evangelischen Kirchen und versuchten, ihre Alleinherrschaft zu festigen. Zwar gab es verschiedene Gruppen, die sich dieser Entwicklung entgegenstellten — hier ist vor allem die Jungreformatorische Bewegung zu nennen —, aber sie hatten den Wahlsieg der Deutschen Christen (DC) nicht verhindern können, zumal Adolf Hitler die DC durch seine Rundfunkrede am Vorabend des Wahltages unterstützt hatte.

So wählte die Nationalsynode am 27. September 1933 in Wittenberg Ludwig Müller, den Bevollmächtigten Adolf Hitlers, zum Reichsbischof, nachdem dieser bereits am 6. September von der preußischen Generalsynode in das neugeschaffene Amt des Landesbischofs berufen worden war. Ludwig Müller stand damit an der Spitze einer »Reichskirchenregierung«, des Geistlichen Ministeriums, dessen Mitglieder er noch am gleichen Tage berief: drei Theologen und einen Juristen, davon drei DCer. Diesem Vordringen der Deutschen Christen setzte die »Großkundgebung des Gaues Großberlin« im Berliner Sportpalast am 13. November 1933 ein überraschendes Ende; denn die Entschließung dieser Versammlung öffnete einem wachsenden Teil der evangelischen Christenheit die Augen darüber, was die wahren Ziele der Deutschen Christen eigentlich waren. Die wichtigsten Sätze dieser Erklärung machen das deutlich:

»Wir erwarten von unserer Landeskirche, daß sie den Arier-Paragraphen — entsprechend dem von der Generalsynode beschlossenen Kirchengesetz — schleunigst und ohne Abschwächung durchführt, daß sie darüber hinaus alle fremdblütigen evangelischen Christen in besondere Gemeinden ihrer Art zusammenfaßt und für die Begründung einer judenchristlichen Kirche sorgt.
Wir erwarten, daß unsere Landeskirche als eine deutsche Volkskirche sich frei macht von allem Undeutschen in Gottesdienst und

Bekenntnis, insbesondere vom Alten Testament und seiner jüdischen Lohnmoral.

Wir fordern, daß eine deutsche Volkskirche Ernst macht mit der Verkündigung der von aller orientalischen Entstellung gereinigten schlichten Frohbotschaft und einer heldischen Jesus-Gestalt als Grundlage eines artgemäßen Christentums, in dem an die Stelle der zerbrochenen Knechtsseele der stolze Mensch tritt, der sich als Gotteskind dem Göttlichen in sich und in seinem Volke verpflichtet fühlt.

Wir bekennen, daß der einzige wirkliche Gottesdienst für uns der Dienst an unseren Volksgenossen ist, und fühlen uns als Kampfgemeinschaft von unserem Gott verpflichtet, mitzubauen an einer wehrhaften und wahrhaften völkischen Kirche, in der wir die Vollendung der deutschen Reformation Martin Luthers erblicken, und die allein dem Totalitätsanspruch des nationalsozialistischen Staates gerecht wird.«

Die Wirkung dieser Kundgebung war in der ganzen Kirche außerordentlich stark. Es kam zu einem Massenaustritt bei den Deutschen Christen und zu einem Zerfall der bisher einheitlichen »Glaubensbewegung Deutsche Christen« in verschiedene Gruppen. Die Folge dieser Sportpalastkundgebung führte auch zu einer Krise in der »Reichskirchenregierung«. Verschiedene Mitglieder schieden aus, aber eine neue Zusammensetzung des Geistlichen Ministeriums brachte der Reichsbischof nicht zustande. Damit war die Deutsche Evangelische Kirche ohne ein wichtiges verfassungsmäßiges Leitungsorgan. Noch ein weiteres Ereignis machte das Unheil für Ludwig Müller und die Deutschen Christen vollständig: die Eingliederung der evangelischen Jugend in die Hitlerjugend durch einen Akt des Reichsbischofs Ende 1933. Sie wurde damals schon als ein Verrat an der evangelischen Jugend empfunden und zerstörte das Vertrauen zu Müller in der evangelischen Kirche nahezu vollständig.

In dieser Zeit begann auch die Bekennende Kirche, sich zu formieren. Von einer »bekennenden Kirche« war zum erstenmal im Wahlaufruf der Jungreformatorischen Bewegung zum 23. Juli 1933 die Rede gewesen:

»Wir kämpfen für eine bekennende Kirche. Es genügt nicht, daß unsere Bekenntnisse unangetastet bleiben. Die Kirche muß es wieder neu lernen, sich zu ihrem gekreuzigten Herrn zu bekennen, wie er uns in der Schrift Alten und Neuen Testaments bezeugt wird.«

Am Ende des Jahres 1933 hatte der Wille, für die rechte Verkündigung des Evangeliums und ihre Bindung an die reformatorischen Bekenntnisse einzutreten, Pfarrer und Gemeinden an vielen Orten und in allen evangelischen Landeskirchen ergriffen und in Bekenntnisgemeinden, Bruderschaften und Gemeindetagen »Unter dem Wort« Gestalt und Ausdruck gefunden. Dazu trug wesentlich die Gründung des Pfarrernotbundes bei, die im September 1933 in Berlin erfolgte. Pfarrer Martin Niemöller richtete einen Aufruf an alle bekenntnistreuen Pfarrer in der Deutschen Evangelischen Kirche, dem Notbund beizutreten und sich zu verpflichten, »sich für ihre Verkündigung nur an die Heilige Schrift und an die Bekenntnisse der Reformation zu binden und sich der Not derjenigen Brüder, die darunter leiden müssen, nach bestem Vermögen anzunehmen«. Bereits nach einer Woche waren 1500 Pfarrer dem Aufruf gefolgt; im Januar 1934 hatte der Notbund über 7000 Mitglieder. Am 20. November 1933 berichteten die Tageszeitungen, daß etwa 3000 evangelische Pfarrer, die dem Pfarrernotbund angehörten, am Tag zuvor von ihren Kanzeln eine Erklärung verlesen hatten, in der sie sich gegen die Vorkommnisse auf der Sportpalastkundgebung der Deutschen Christen am 13. November in Berlin wandten. Seit November traten Bekennende Gemeinden unter dem Wort überall in Deutschland in steigendem Maße in Erscheinung. Der Widerstand, wie er zuerst im Pfarrernotbund vor der Welt sichtbar geworden war, wirkte sich in den Gemeinden aus; die Notbundpfarrer wurden die Pastoren der Bekennenden Kirche. Gegen sie richtete sich nun der Kampf des Reichsbischofs, der anfing, um seine Position zu fürchten, nachdem er die schweren Niederlagen der November- und Dezembertage des Jahres 1933 erlitten hatte. — Am 4. Januar 1934 erschien eine Verordnung des Reichsbischofs, in der es hieß:

»Der Gottesdienst dient ausschließlich der Verkündigung des lauteren Evangeliums. Der Mißbrauch des Gottesdienstes zum Zwecke kirchenpolitischer Auseinandersetzungen, gleichwie in welcher Form, hat zu unterbleiben. Freigabe sowie Benutzung der Gotteshäuser und sonstigen kirchlichen Räume zu kirchenpolitischen Kundgebungen jeder Art wird untersagt.

Kirchliche Amtsträger, die das Kirchenregiment oder dessen Maßnahmen öffentlich oder durch Verbreitung von Schriften, insbesondere durch Flugblätter oder Rundschreiben, angreifen, machen sich der Verletzung der ihnen obliegenden Amtspflicht schuldig.

Die Eingabe von Vorstellungen auf dem hierzu vorgeschriebenen Wege bleibt unberührt.«

Die bekenntnistreuen Pfarrer sollten mundtot gemacht werden. Dagegen erhob sich ein leidenschaftlicher Protest des Pfarrernotbundes in Gestalt einer Kanzelerklärung vom 7. Januar. Die nun schon so genannten »Bekenntnispfarrer« erklärten dem Reichsbischof ihren grundsätzlichen Ungehorsam und forderten die Wiederherstellung geordneter Zustände in der DEK aufgrund von Schrift und Bekenntnis. Es folgte eine Flut von Absetzungen, Disziplinarverfahren und Zurruhesetzungen von Pfarrern der Bekennenden Kirche, die sich in »Bekenntnissynoden« ihre Gestalt, Ordnung und Leitung gab. Das Signal hatte die Freie reformierte Synode gegeben, die in den ersten Januartagen in Barmen als Vertretung von 167 reformierten Gemeinden in Deutschland zusammentrat. Eine von ihr verabschiedete Resolution — »Erklärung über das rechte Verständnis der reformatorischen Bekenntnisse in der Deutschen Evangelischen Kirche der Gegenwart« — fand starke Beachtung. Sie machten sich die Freie Evangelische Synode im Rheinland und die westfälische Bekenntnissynode zu eigen. Die rheinische Synode tagte am 18./19. Februar 1934 als erste Bekenntnissynode einer der altpreußischen Kirchenprovinzen. Es folgten die berlin-brandenburgische, die westfälische und viele andere Synoden. Der Reichsbischof jedoch verstärkte seinen Zugriff auf die evangelischen Kirchen, indem er versuchte, alle Landeskirchen in Deutschland in die DEK rechtlich einzugliedern, d.h. praktisch, sie seiner Alleinherrschaft zu unterwerfen. Er hatte mit der Evangelischen Kirche der altpreußischen Union begonnen und am 2. März die landeskirchliche Gesetzgebung auf die Reichskirchenregierung übertragen. Dieser Vorgang löste in verschiedenen altpreußischen Provinzen heftigen Widerspruch der Bekenntnisgemeinden und -synoden aus. Trotzdem setzte Ludwig Müller die Eingliederungsversuche fort, wobei er bei den deutsch-christlich geleiteten Kirchen auf keinen Widerstand stieß, weil diese ja die eine »Reichskirche« wollten. Jedoch gab es bei den anderen Kirchen Proteste, z.B. bei den reformierten Kirchen, aber auch in einigen lutherischen Kirchen, und zwar vor allem in Württemberg, Bayern, Hannover. Die Rechtsgrundlage des Vorgehens Ludwig Müllers wurde mit Erfolg bestritten. So urteilte das Berliner Landgericht, daß das Vorgehen L. Müllers in Altpreußen unrechtmäßig sei und die erlassenen Gesetze daher ungültig. Dieses Urteil wurde in einem Prozeß erstritten, den Dr. Werner, der Präsident des Evangelischen Oberkirchenrates, dem der Reichsbischof erst ein halbes Jahr zuvor zu dieser Stellung verholfen hatte und der sie durch die Eingliederungsaktion wieder verloren hätte, gegen den Reichsbischof angestrengt hatte. Aber auch die »intakten« lutherischen Landeskirchen setzten sich mit rechtlich begründetem Widerstand zur Wehr. Allerdings ließ sich der Reichsbischof von seinem Ziel der deutschchristlichen Einheitskirche nicht abbringen. Und dies veranlaßte die beiden süddeutschen Bischöfe zu dem Versuch, mit den inzwischen entstandenen Bekenntnissynoden in den »zerstörten« Kirchen gemeinsame Sache zu machen, um dem Angriff auf die bekenntnisgebundenen lutherischen Kirchen besser widerstehen zu können.

Schon im Februar hatte der »Bruderrat des gesamten Pfarrernotbundes« beschlossen, sich der Freien Evangelischen Synode im Rheinland anzuschließen.

> »Wir hoffen, mit den rheinischen Brüdern und Gemeinden auf diesem Wege in organischer Weiterentwicklung zu einer Freien Evangelischen Synode für den Gesamtbereich der Deutschen Evangelischen Kirche zu kommen.«

Nun nahmen auch die süddeutschen Bischöfe die Fühlung mit den Rheinländern auf. So kam es zu der Einladung der Bischöfe Meiser (Evangelisch-lutherische Kirche in Bayern) und Wurm (Evangelisch-lutherische Kirche in Württemberg) für den 11. April 1934 nach Nürnberg an die Leitungen der in Norddeutschland entstandenen Bekenntnissynoden. Dort fand man sich zur »Bekenntnisgemeinschaft der Deutschen Evangelischen Kirche« zusammen und schuf die Voraussetzungen zu einer in alle Landeskirchen hineinreichenden Organisation. Anwesend waren außer den Bischöfen Meiser und Wurm Präses Koch, Westfalen; Pfarrer lic. Dr. Beckmann, Rheinland; Pastor Martin Niemöller, Berlin; Pastor Bosse, Hannover; Pastor Immer (ref.), Rheinland, und einige andere. Man war entschlossen, den notwendigen Widerstand von Schrift und Bekenntnis, aber auch von der Rechtsgrundlage der DEK her zu formieren. Eine theologische Erklärung gegen die Deutschen Christen, aber auch eine Rechtserklärung gegen die reichsbischöfliche Zerstörung der Kirchenordnung sollte vorbereitet werden. Präses Koch wurde zum Vorsitzenden gewählt. Ehe die Weiterarbeit sich entwickeln konnte, sah sich die neue Bekenntnisgemeinschaft durch das Vorgehen des Reichsbischofs und seines Rechtsanwalts Jäger gegen Landesbischof Wurm und die württembergische Kirchenleitung herausgefordert, eine öffentliche Protestkundgebung in Ulm am 22. April 1934 zu veranstalten. Diese erste Erklärung der Bekenntnisgemeinschaft auf ihrem neuen Weg lautete:

> »Im Namen des Vaters, des Sohnes und des Heiligen Geistes! Wir versammelten Vertreter der württembergischen und bayrischen Landeskirchen, der freien Synoden im Rheinland, in Westfalen und Brandenburg sowie vieler bekennender Gemeinden und Christen in ganz Deutschland erklären als rechtmäßige evangelische Kirche Deutschlands vor dieser Gemeinde und der gesamten Christenheit:
>
> Auf uns lastet die schwere Sorge um die Deutsche Evangelische Kirche. Zwar hat die Reichskirchenregierung in ihren neuesten Verordnungen und Gesetzen vom Frieden geredet. Ihre Taten stehen zu diesen Erklärungen im Widerspruch. Sie offenbaren, daß dieser ›Friedenswille‹ nicht aus Gottes Wort und Geist geboren ist.

Man kann nicht Frieden verkündigen und unmittelbar danach einer bekenntnismäßig gebundenen Landeskirche wie der württembergischen Gewalt antun. Das aber ist geschehen durch das Kirchengesetz des Reichsbischofs, das im Widerspruch zu der Verfassung der Deutschen Evangelischen Kirche den Zusammentritt des württembergischen Landeskirchentages verhindert hat.

Um der dauernden Gefährdung des Bekenntnisses und der Kirche willen, auch um der Wahrhaftigkeit willen stellen wir uns der Christenheit und allen, die es hören wollen, dar als eine Einheit, die durch die Kraft Gottes treu zum Bekenntnis zu stehen gedenkt, obschon wir damit rechnen müssen, daß uns dadurch viel Not erwachsen wird. Wir versammelten Kirchenführer, Vertreter freier Synoden und Abgeordnete vieler Gemeinden und Christen in deutschen Gauen sind aber in Gottes Wort getrost und freudig, alles auf uns zu nehmen, was Gott uns auferlegt — komme, was da wolle —, damit das Kreuz Christi wirklich das Leben der Kirche beherrsche. Daran werden wir uns auch nicht hindern lassen, wenn weiterhin die ganze deutsche Öffentlichkeit so irregeleitet werden sollte wie neuerdings über die kirchlichen Zustände in Württemberg. Entgegen der Darstellung der Reichskirchenregierung stellen wir fest, daß von einem schweren kirchenpolitischen Zwist in der württembergischen Landeskirche nicht die Rede sein konnte. Auch was sonst über den Besuch des Reichsbischofs in Württemberg gesagt worden ist, entspricht nicht den Tatsachen. Der Reichsbischof hat den württembergischen Landesbischof weder gesehen noch gesprochen. Wir gedenken, mit Gottes Hilfe der Anwendung von Gewalt und übler Nachrede das Wort Gottes und das Bekenntnis unserer Kirche in Wort und Tat entgegenzusetzen, in der gewissen Zuversicht, daß Gott seine Sache nicht verlassen wird.

Die unausgesprochene Absicht der Reichskirchenregierung bei ihrer Verordnung zur Wiederherstellung des kirchlichen Friedens in Württemberg war offenbar nicht die Herbeiführung des wahren Friedens innerhalb der Reichskirche, sondern die gewaltsame Niederkämpfung eines der letzten Bollwerke der Bekenntniskirche in Deutschland. Wir bezeugen: Die Deutsche Evangelische Kirche muß den Segen Gottes verlieren, wenn sie so der Unwahrheit Raum gibt. Sie muß in Unordnung versinken, wenn in dieser Weise die oberste Kirchenleitung selbst die Würde und Autorität des Leiters einer Landeskirche untergräbt und die Gemeinden geistlich und rechtlich entmündigt.

Darum rufen wir auch alle Gemeinden, Ältesten und Kirchengemeinderäte, Kirchenvorsteher und Pfarrer auf, mit uns zusammenzustehen gegen solche Gefährdung der Kirche. Aller Verschleierung zum Trotz bezeugen wir: Das Bekenntnis ist in der Deutschen Evangelischen Kirche in Gefahr! Das geistliche Amt wird seines Ansehens durch die Deutschen Christen und ihre Duldung durch die oberste Kirchenbehörde beraubt. Das Handeln der Reichskirchenregierung hat seit langer Zeit keine Rechtsgrundlage mehr. Es geschieht Gewalt und Unrecht, gegen welche alle wahren Christen beten und das Wort bezeugen müssen. Als eine Gemeinschaft entschlossener, dem Herrn Christus gehorsamer Kämpfer bitten wir Gott, den Allmächtigen, er möge allen Christen die Augen auftun, daß sie die Gefahr sehen, welche unserer teuren Kirche droht. Er möge uns nicht wanken lassen, daß wir zu seiner Ehre und in seinem Dienst fest bleiben, auch alles tun, was er von uns an Treue und Gefolgschaft gegen Volk und Staat verlangt. Pfarrer und Gemeinden der württembergischen Landeskirche, schart euch um euren Landesbischof! Ihr Christen deutscher Zunge, steht mit uns allen zusammen, fest gegründet auf Gottes Wort, unverrückt im Gebet, freudig im Glauben und in der Liebe! Dann wird von diesem Tage Segen kommen auf unsere ganze Kirche und unser ganzes Volk! Das walte Gott!«

Am Widerstand der schwäbischen Christen, die aus anderen Landeskirchen Unterstützung fanden, scheiterte der Versuch, Bischof Wurm und seine Kirchenleitung zu beseitigen. Es war dies eine große Ermutigung für die wachsende Bekennende Kirche in Deutschland. Der sich auch »Bruderrat der Bekenntnisgemeinschaft der DEK« nennende »Nürnberger Ausschuß« kam am 2. Mai in Berlin zu seiner nächsten Sitzung zusammen. Zum ersten Mal wandte sich dieser Bruderrat mit einem Brief an den Reichsinnenminister an den Staat:

»Im Anschluß an die Ulmer Erklärung und in Übereinstimmung mit den Beschlüssen der rheinisch-westfälischen Synoden vom 29. April überreiche ich die anliegende Erklärung der Bekenntnisgemeinschaft der Deutschen Evangelischen Kirche. Mit deutschem Gruß gez. D. Koch.«

Die Erklärung selbst lautete:

»I. Der Streit, der seit langem die Deutsche Evangelische Kirche erschüttert, schadet der Volksgemeinschaft. Das Kirchengesetz zur Befriedung der kirchlichen Lage vom 13. April 1934 hat die Spannung nicht beseitigt, sondern verschärft.

II. Ein Ausgleich der Gegensätze zwischen Deutschen Christen und der Bekenntniskirche ist nicht möglich. Es stehen sich hier gegenüber eine in ihrem Denken und Handeln unkirchliche Machtbewegung und der Wille, die Kirche aus ihrem Wesen heraus zu erneuern.

III. Die derzeitige Reichskirchenregierung hindert durch ihr Handeln den Frieden, da sie 1. sich nicht auf Vertrauen, sondern auf Gewalt stützt, 2. an die Stelle von Recht Willkür setzt, 3. das Bekenntnis nicht hütet, sondern verletzt, 4. die bekennende Kirche, nicht die Feinde der Kirche bekämpft.

IV. Zur Herbeiführung des Friedens ist notwendig: 1. Die Verfassung der DEK muß wiederhergestellt werden. Einer Weiterentwicklung der Verfassung auf legalem Wege soll nicht grundsätzlich widerstrebt werden. 2. Die von maßgebender Seite als rechtswidrig festgestellten Verordnungen und Gesetze des Reichsbischofs und der Reichskirchenregierung müssen zurückgenommen werden. 3. Sämtliche Maßregelungen müssen wiedergutgemacht werden. Ob ein ›Verfahren mit staatspolitischem Einschlag‹ vorliegt, hat der Staat zu entscheiden. 4. Der grundsätzliche Entschluß, daß der Staat und die Partei in die innerkirchliche Auseinandersetzung nicht eingreifen, muß streng durchgeführt werden.«

Bereits am 7. Mai fand in Kassel die dritte Sitzung des Bruderrates statt. Hier wurden die entscheidenden Beschlüsse zur Einberufung einer Bekenntnissynode der Deutschen Evangelischen Kirche gefaßt und die Vorbereitungen für eine theologische und rechtliche Erklärung der Synode getroffen. Von Kassel aus wandte sich der Bruderrat nun zum erstenmal mit einer Erklärung an die evangelischen Christen und Gemeinden:

»I. Wir haben wiederholt die derzeitige Reichskirchenregierung zur Abkehr von ihrem bekenntnis- und verfassungswidrigen Wege aufgefordert. Sie hat unseren aus ernster Sorge um Kirche und Volk kommenden Warnungen kein Gehör geschenkt, sondern hat weiterhin die Grundlage, auf der der verfassungsmäßige Zusammenschluß der deutschen evangelischen Landeskirchen erfolgt ist, und damit ihre eigene Autorität völlig zerstört. Deshalb sind wir gezwungen, dem jetzigen Reichskirchenregiment den Charakter einer wahrhaft evangelischen Kirchenleitung abzusprechen.

II. Wir wollen die einige, geistlich geleitete, deutsche evangelische Kirche, klar und fest im Bekenntnis des Evangeliums, gehorsam dem Herrn der Kirche und darum auch treu im Dienst am Volk und Staat.

III. Wir lehnen es ab, uns zu unterwerfen: 1. einem ungesetzlichen Machtregiment, das sich auf Willkür, nicht auf die beschworene Verfassung gründet; 2. einer ungeistlichen Führung, die sich nicht an das Wort Gottes, sondern an menschliche Maßstäbe hält; 3. einer unevangelischen Bedrückung der Gewissen, die die freie Wortverkündigung zu hindern sucht.

IV. Wir wissen uns dafür verantwortlich, das Bekenntnis unserer Väter zu hüten und die Verfassung unserer Deutschen Evangelischen Kirche zu schützen. Dabei sehen wir uns getragen von der Hoffnung und dem Vertrauen aller derer, denen Bestand, Reinheit und Ansehen der Deutschen Evangelischen Kirche innerstes Anliegen ist. Wir wollen und dürfen die Kirche der Reformation nicht denen überlassen, die sie in ihrem Kern und Wesen ändern.

V. Wir erklären feierlich, daß wir bekenntnis- und verfassungswidrigen Anordnungen nicht Folge leisten werden. Wir, als die rechtmäßige Deutsche Evangelische Kirche, können diese Haltung nicht aufgeben, solange nicht Gewähr dafür besteht, daß in der Deutschen Evangelischen Kirche ausschließlich auf der Grundlage der Verfassung und wahrhaft im Geiste des evangelischen Bekenntnisses gehandelt wird.

VI. Wir fordern alle evangelischen Christen und Gemeinden auf, sich in Gebet und Handeln hinter uns zu stellen. Wir bitten und ermahnen alle, die mit uns zu gehen gewillt sind, sich zu örtlichen Bekenntnisgemeinschaften, unter Verbleib in ihrer Kirche, zusammenzuschließen. Wenn uns die Zeit gekommen erscheint, werden wir zu einer gemeinsamen Kundgebung des Bekennens aufrufen. Gott segne unser Werk, das unternommen wird allein um seiner Ehre willen.«

Nachdem der Reichsbruderrat die Einberufung der Bekenntnissynode auf die Tage vom 29. bis 31. Mai nach Barmen beschlossen hatte, wurde zum gleichen Termin durch die Initiative vor allem Martin Niemöllers die erste Bekenntnissynode der Ev. Kirche der altpreußischen Union nach Barmen berufen. Diese Synode tagte unmittelbar vor der Synode der Deutschen Evangelischen Kirche am 29. Mai und erhob »vor jedem christlichen Gewissen und vor aller Öffentlichkeit den Anspruch«, allein die rechtmäßige Evangelische Kirche der altpreußischen Union zu sein, »weil nur sie die bekenntnismäßige Grundlage und eine daran zu bindende verfassungsmäßige Ordnung der Kirche festhält.« Sie sah sich »berufen und befugt, im Namen dieser Kirche rechtmäßig zu sprechen und zu handeln«.

Zur Vorbereitung der Bekenntnissynode der DEK hatte der Bruderrat verschiedene Ausschüsse eingesetzt, damit die Beschlußfassung der Synode durch sorgfältige Vorlagen erleichtert würde. Der wichtigste Ausschuß hatte die Aufgabe, eine theologische Erklärung zu erarbeiten. Vorbereitet wurde aber auch eine Erklärung zur Rechtslage und eine Vorlage zur praktischen Arbeit der Bekenntnissynode der DEK, in welcher neben »Aufbau und Sendung der Bekennenden Gemeinde« auch das Thema der geistlichen Erneuerung des Pfarrerstandes behandelt wurde.

Die Synode wurde von Präses Koch einberufen mit der Bitte, »nur solche Männer zu entsenden, die das volle Vertrauen der Bekennenden Gemeinde auch außerhalb ihres Kirchengebietes besitzen«. Das schwierige Problem der Zuteilung der Abgeordneten aus den Landeskirchen wurde glücklich gelöst. Insgesamt kamen aus 25 Landes- und Provinzialkirchen 139 Delegierte. Die gastgebende Barmer reformierte Gemeinde Gemarke sorgte für alles, was für das Gelingen einer Synode auch wichtig ist, nämlich Unterkunft, Verpflegung, Büro, Information usw. Befürchtungen, die Synode könnte von der Geheimen Staatspolizei verboten werden, erfüllten sich nicht; aber auch die andere Befürchtung nicht, daß die Synode nicht in Einmütigkeit beraten und beschließen würde. Bei allen theologischen Problemen und Differenzen zwischen den Synodalen gelang es je länger desto mehr, eine Übereinstimmung in den großen theologischen, rechtlichen und geistlichen Fragen zu erzielen. Daß dies überhaupt möglich war, hängt gewiß auch damit zusammen, daß der auf allen lastende Druck der damaligen Lage der evangelischen Kirche in Deutschland durch das Regiment der Deutschen Christen und die dahinterstehende herrschende Partei mit ihrer nationalsozialistischen Weltanschauung und Politik so schwer war, daß der Wille zur Einmütigkeit und Gemeinschaft der evangelischen Kirche stärker war als alle trennenden Antworten der an unterschiedliche Bekenntnisse gebundenen reformatorischen Theologien. Zum ersten Male seit der Reformation kamen die Protestanten Deutschlands auf dem Boden ihres gemeinsamen Erbes von »Schrift und Bekenntnis« zusammen und sagten ein bekennendes Wort, von dem sie überzeugt waren, daß Gott es ihnen in den Mund gelegt hatte.

Die Bekenntnissynode bestellte aus den Mitgliedern des bisherigen Arbeitsausschusses den Bruderrat und bevollmächtigte ihn, die ihr gestellten Aufgaben durchzuführen. Er bestand nun aus folgenden Mitgliedern: Präses D. Koch, Bad Oeynhausen; Landesbischof D. Meiser, München; Landesbischof D. Wurm, Stuttgart; Pfarrer lic. Dr. Beckmann, Düsseldorf; Pastor Bosse, Raddestorf (Hannover); Rechtsanwalt Dr. Fiedler, Leipzig; D. Hesse, Elberfeld, als Moderator des Reformierten Bundes; Pastor Karl Immer, Barmen; Pfarrer Jacobi, Berlin; Kaufmann Link, Düsseldorf; Pfarrer Niemöller, Berlin-Dahlem; Pastor Asmussen, Altona.

Zum Schluß der Synode wurde noch ein besonderer Aufruf an die Gemeinden gerichtet, mit dem diese aufgefordert wurden: »Prüfet die Geister, ob sie von Gott sind! Prüfet auch die Worte der Bekenntnissynode der Deutschen Evangelischen Kirche, ob sie mit der Heiligen Schrift und den Bekenntnisschriften der Väter übereinstimmen.«

Rückblickend wissen wir: Das Wagnis war groß gewesen, einer so großen Schar von einander noch nicht bekannten Menschen aus dem weiten Bereich Deutschlands zuzumuten, Vorlagen wie die große »Theologische Erklärung« zu erarbeiten. Daß es gelang und dieses Ergebnis erzielte, ist uns damals wie ein Wunder Gottes erschienen. Unsere Freude und unser Dank gegen Gott und die Christen der Bekennenden Kirche waren sehr stark. Getröstet und gestärkt gingen die Synodalen in ihre Kirchen zurück. Der Anfang einer »Bekennenden Kirche Deutschlands« war gemacht.

Carsten Nicolaisen

Zur Entstehungsgeschichte
der Barmer Theologischen Erklärung

Wenn man bedenkt, wie lange es heute dauern kann, bis sich verschiedene Gruppen auf ein gemeinsames »Papier« einigen, mutet die Entstehungsgeschichte der Barmer Theologischen Erklärung vergleichsweise kurz an: Zwischen dem ersten Entwurf und der Verabschiedung der endgültigen Form der Erklärung durch die Bekenntnissynode von Barmen am 31. Mai 1934 liegen ganze 15 Tage.
Die Entstehungsgeschichte der Barmer Theologischen Erklärung fällt mitten hinein in einen anderen Prozeß, der ähnlich rasch verlief. Innerhalb weniger Wochen des Jahres 1934 wurde aus der über das ganze damalige Deutsche Reich verstreuten kirchlichen Opposition, wie sie sich im Pfarrernotbund, in bekenntnistreuen Gemeinden, in freien Synoden und einzelnen Landeskirchen zu Wort gemeldet hatte, die Bekennende Kirche. Sie machte mit der Barmer Theologischen Erklärung unüberhörbar deutlich, daß sie sich nicht allein darum gesammelt hatte, um einmütig gegen die Deutschen Christen und die von ihnen gebildete »Reichskirchenregierung« zu protestieren. Sie bekannte sich darüber hinaus zu gemeinsamen theologischen Grundaussagen.
Gleichwohl waren schon die wenigen Wochen der Sammlung der Bekennenden Kirche und der Entstehung der Barmer Theologischen Erklärung geprägt von tiefen Spannungen. Dabei handelt es sich um Spannungen, die weit über die Geschichte des »Kirchenkampfes« in der Zeit des Nationalsozialismus hinausreichen, und die es auch heute noch schwermachen, eindeutige Antworten auf die Frage zu geben, wie denn das Erbe der Bekennenden Kirche zu beschreiben ist und welche Bedeutung die Barmer Theologische Erklärung eigentlich hat.
Der Weg von der kirchlichen Opposition zur Bekennenden Kirche führte über die »Bekenntnisgemeinschaft der Deutschen Evangelischen Kirche«, zu der sich im Laufe der Monate März und April 1934 die Bischöfe der bayerischen und württembergischen Landeskirche, Meiser und Wurm, die Vertreter von »freien« Synoden im Rheinland, in Westfalen und Brandenburg sowie viele bekennende Gemeinden und einzelne Christen in ganz Deutschland zusammenschlossen. Angesichts der ungeistlichen und ungesetzlichen

Maßnahmen des »Reichsbischof« Ludwig Müller erhob die Bekenntnisgemeinschaft im Anschluß an einen großen Bekenntnisgottesdienst im Ulmer Münster am 22. April 1934 vor aller Öffentlichkeit den Anspruch, die rechtmäßige evangelische Kirche Deutschlands zu sein.

Bezeichnend für das Selbstverständnis der kirchlichen Opposition war, daß sie den in Ulm erhobenen Anspruch nicht als einen revolutionären Akt empfand; sie wollte nicht die Reichskirche sprengen, die Kirche spalten oder eine »Gegenkirche« bilden. Sie rief vielmehr alle evangelischen Christen auf, auf den Boden des Bekenntnisses, des Rechtes und der Brüderlichkeit zurückzukehren und wollte dann als eine »bekennende Kirche« gleichsam in das äußere Gebäude der Reichskirche hineinwachsen.

Dieses Ziel war jedoch mit den Männern, die in der Reichskirche offiziell die Verantwortung trugen, nicht zu erreichen. Darum mußte sich die Bekennende Kirche eigene Leitungsorgane schaffen und sich durch eine große Bekenntnissynode nach dem Vorbild der »freien« Synoden ihren Weg bestätigen lassen.

Die Vorbereitung für die Entwicklung, die aus der Bekenntnisgemeinschaft die Bekennende Kirche machen sollte, lag in den Händen eines »Arbeitsausschusses«, der am 11. April in Nürnberg gebildet wurde und in dem der westfälische Präses Karl Koch den Vorsitz führte. Am 2. Mai berief dieser Ausschuß, der sich gelegentlich auch schon selbst als »Bruderrat« bezeichnete, drei Männer, die das theologische Programm für die geplante Bekenntnissynode vorbereiten sollten: den von seinem deutsch-christlichen Kirchenregiment beurlaubten Altonaer Pfarrer Hans Asmussen, den Bonner Theologieprofessor Karl Barth und den Münchener Oberkirchenrat Thomas Breit. Am 7. Mai wurde der Termin für die Bekenntnissynode festgelegt, der Dreierausschuß durch den Erlanger Kirchenhistoriker Hermann Sasse ergänzt und neben diesem »Theologischen Ausschuß« auch ein Verfassungsausschuß gebildet, der die mit dem Entstehen der Bekennenden Kirche verbundenen verfassungsrechtlichen Probleme zu behandeln hatte. Schon in dieser frühen Planungsphase war innerhalb des vorläufigen Leitungsgremiums der Bekennenden Kirche umstritten, ob eine theologische Erklärung, die auf der Synode gemeinsam von Lutheranern, Reformierten und Unierten verabschiedet werden sollte, eher als ein »Bekenntnis« oder lediglich als ein »Aufruf« zu verstehen sei.

Der theologische Ausschuß traf sich am 15./16. Mai 1934 im Hotel Basler Hof in Frankfurt am Main, allerdings ohne Sasse, der plötzlich krank geworden war. Über dieses Treffen hat Karl Barth später gespöttelt: »Die lutherische Kirche hat geschlafen und die reformierte Kirche hat gewacht.« In der Tat war es so, daß Barth während des Mittagsschlafes von Asmussen und Breit den Entwurf für eine »Theologische Erklärung zur gegenwärtigen Lage der Deutschen Evangelischen Kirche« ausarbeitete, der dann gemeinsam redigiert wurde. Barths Entwurf enthielt zunächst nur fünf Thesen, die sechste These wurde dann ebenfalls von Barth entworfen und gemeinsam angenommen. Von Asmussen stammte der Vorschlag, Barths Entwurf zu These 2 durch den Zusatz zu ergänzen: »Durch ihn (Christus) widerfährt uns frohe Befreiung aus den gottlosen Bindungen dieser Welt zu freiem dankbarem Dienst an seinen Geschöpfen.« Barth empfand die Zusammenarbeit in Frankfurt als besonders erfreulich und nannte das Ergebnis in einem Brief an Asmussen am 23. Mai 1934 »die in ruhiger und müheloser Unterredung erzielte ›Frankfurter Konkordie‹«. Er maß also diesem ersten gemeinsam beschlossenen Entwurf der Barmer Theologischen Erklärung eine vergleichbare Bedeutung zu wie den Einigungsformeln zwischen den widerstreitenden protestantischen Richtungen in der Reformationszeit.

Nach seiner Rückkehr aus Frankfurt schickte Asmussen von Altona aus den Frankfurter Entwurf an Präses Koch und teilte ihm gleichzeitig mit, daß er im Auftrage von Barth und Breit das Referat übernommen habe, das die Theologische Erklärung vor der Synode erläutern sollte.

Der Arbeitsausschuß der Bekenntnisgemeinschaft traf sich dann wieder am 22. Mai 1934 in Leipzig, wo Asmussen den Anwesenden den Entwurf der Theologischen Erklärung vorstellte und erläuterte. Auf dieser Sitzung zeigte sich, daß die in Frankfurt erreichte Einmütigkeit kaum durchzuhalten war. Die Bedenken richteten sich weniger gegen den Inhalt der 6 Thesen, die in Leipzig nur unwesentlich verändert wurden; sie zielten vielmehr auf die schwerwiegenden Probleme und Konsequenzen, die aus einer gemeinsam verabschiedeten Synodalerklärung erwachsen könnten. Ganz abgesehen von den konfessionellen Unterschieden, die durch eine gemeinsame Erklärung nicht einfach aufzuheben waren, waren ja auch die rechtlichen und tatsächlichen Voraussetzungen für jeden Synodalen verschieden. Manche, die aus den von den Deutschen Christen beherrschten Kirchengebieten kamen, würden nur für sich selbst oder für eine bekennende Gemeinde sprechen können; bestenfalls gab es in diesen »zerstörten« Kirchen schon eine Bekenntnisgemeinschaft oder freie Synoden, die dann mit dem Anspruch, die rechtmäßige Kirche zu sein, ihre Kirchen vertreten konnten. Wie stand es aber beispielsweise mit den süddeutschen Landeskirchen, die ja »intakt« geblieben waren? Gehörten ihre Bischöfe der Bekenntnisgemeinschaft an als die amtlichen Vertreter ihrer Kirchen oder nur als die geistlichen Führer der dort bestehenden bekennenden Gemeinden?

Würden sie sich den Beschlüssen der Bekennenden Kirche unterwerfen können, oder müßten diese nicht ihre Grenze an den allgemein anerkannten Bestimmungen der geltenden Landeskirchenverfassungen finden?

Der in Leipzig tagende Ausschuß war sich einig, daß diese »Doppellinigkeit« in Zukunft leicht zu Schwierigkeiten führen könne, er war sich aber, wie eines seiner Mitglieder notierte, auch völlig klar darüber, »daß es Ungehorsam gegen Gott wäre, jetzt nicht in gemeinsamer Arbeits- und Kampffront zusammenzustehen«.

In der Präambel des Frankfurter Entwurfs mußte nun ein wichtiger Satz gestrichen werden, daß nämlich die Bekenntniskirchen »sich durch ihre Vereinigung gemeinsam zu der kommenden Gottesgabe der einen, heiligen, allgemeinen und apostolischen Kirche« bekennen. Es war auch nicht mehr möglich, von der »Einheit« des Bekenntnisses zu sprechen, sondern nur mehr von der »Einmütigkeit«. In der Woche von der Leipziger Sitzung bis zum Zusammentritt der Synode verschärften sich die Spannungen über die »Theologische Erklärung« so, daß das Ziel einer gemeinsamen Erklärung überhaupt in Frage gestellt wurde. Die Hauptlast dieser Spannungen hatte zunächst Hans Asmussen auszuhalten; der Widerstand erwuchs hauptsächlich aus Bayern. Auf Anraten Landesbischof Meisers und unter starkem Einfluß Hermann Sasses, den Asmussen nach der Leipziger Sitzung in Erlangen besuchte, erarbeitete Asmussen einen neuen Entwurf, der zwei der immer wieder geäußerten Bedenken aus Bayern berücksichtigen sollte: Er war »volkstümlicher« als der Frankfurter Entwurf und stellte ganz deutlich heraus, daß es bei dem gemeinsamen Wort nicht um die Schaffung einer Union gehen sollte: »Darum kann und darf es nicht anders sein, als daß hier heute die Lutheraner als Lutheraner und die Reformierten als Reformierte stehen.«

Am 24. Mai war Asmussen abends in München und spürte in dem Gespräch mit Meiser und anderen bayerischen Lutheranern nochmals die wachsende Distanz zur »Frankfurter Konkordie«. Damit war deutlich: Weder der mit der Vorbereitung eines theologischen Wortes beauftragte Ausschuß noch der Bruderrat als ganzer standen einmütig hinter diesem Entwurf. Die Annahme durch die Synode war nicht mehr gesichert.

Nach einem Besuch bei Präses Koch und bei Karl Barth wenige Tage vor Beginn der Synode zog Asmussen die Konsequenz aus den Besprechungen der letzten Tage. Er hielt es nicht mehr für tunlich, daß die theologische Kommission der Synode ihre Ausarbeitung zur Annahme empfehle, bat aber Koch als Präses der Synode darum, daß die Thesen und das vorbereitete Referat auf der Synode zur Verlesung kämen, und zwar in dem Sinn, »daß drei Theologen . . . der

Synode sagen, was nach ihrer Meinung eigentlich auch die Synode sagen müßte, dem Bruderrat aber und der Synode selbst es überlassen, was sie aus dieser Arbeit machen«. Das konnte nur bedeuten — und damit wurde vor allem den Bedenken Hermann Sasses Rechnung getragen —, daß nicht die Synode als ganze über die Theologische Erklärung befinden konnte, sondern nur die konfessionellen Gruppen oder »Konvente« je für sich. »Auf diese Weise würde«, meinte Asmussen, »die Erklärung also noch nicht als Abschluß einer uns allen gemeinsamen theologischen Entwicklung und als deren Ausdruck gedeutet werden können, wohl aber als Zeichen für den Anfang einer gemeinsamen fruchtbaren Arbeit und Aussprache.«

Präses Koch konnte nach Lage der Dinge nicht anders, als auf diesen Vorschlag einzugehen. So wollte er das ursprüngliche Programm, gleich mit der Beratung über die Theologische Erklärung zu beginnen, abändern und zunächst die Konvente zusammentreten lassen. Tatsächlich verlief die Entwicklung dann aber doch anders. Bevor sich die Synode am Abend des 29. Mai überhaupt konstituierte, gab es den ganzen Tag über Verhandlungen in immer wechselnden Kreisen, die eigentlich nur einem einzigen Thema galten: der Stellung der Lutheraner in der Bekenntnisgemeinschaft. Dabei zeigte sich, daß die Lutheraner selbst durchaus nicht einer Meinung waren. Während Meiser immer wieder Bedenken äußerte, daß alles noch nicht genügend theologisch geklärt sei, und sich darum auf die Ablehnung der gegen das Bekenntnis verstoßenden Methoden der Reichskirchenregierung beschränken wollte, machte etwa Pfarrer Graeber aus Essen deutlich: »Gott hat uns zusammengeprügelt, und vielleicht brauchen wir noch mehr Prügel.« Mit Recht wies er darauf hin, daß die Deutschen Christen lachen würden, wenn die Bekennende Kirche nicht einmal zu einer gemeinsamen bekenntnismäßigen Aussage käme.

Die Auseinandersetzungen zogen sich bis in die Nacht hinein und wurden zeitweise so leidenschaftlich, daß die Gefahr eines tiefen Bruches bestand, noch ehe die Synode überhaupt zusammengetreten war. Asmussen und Barth bestanden darauf, daß über die »Frankfurter Konkordie« verhandelt werden müsse; schließlich stimmten auch die Lutheraner zu, aber mit der Einschränkung, daß nach dem Vortrag Asmussens die Synode in ihre Konvente auseinandergehen sollte, um die Theologische Erklärung von den jeweiligen Bekenntnisgrundlagen her zu prüfen.

So konnte die Synode doch noch programmäßig beginnen. Die Synodalen bekamen den Entwurf für die Theologische Erklärung unter der Überschrift »Vorschlag des theologischen Ausschusses für die Bekenntnissynode der Deutschen Evangelischen Kirche« zum erstenmal zu Gesicht, unmittelbar bevor Asmussen mit seinem Referat begann — ein im Grunde für heutige Verhältnisse unvorstellbarer Vorgang.

Der neue »Vorschlag« ging wieder weitestgehend auf den Frankfurter Entwurf zurück, enthielt aber versehentlich nicht mehr den Satz, mit dem im ersten Entwurf die besondere konfessionelle Situation der Bekennenden Kirche beschrieben worden war: »Gemeinsam dürfen und müssen wir als Lutheraner, Reformierte und Unierte heute . . . reden. Das tut dem Ernst keinen Eintrag, mit dem wir alle den unserer verschiedenen Herkunft und Verantwortung entsprechenden Bekenntnissen treu sein und bleiben wollen.«

Der Vortrag Asmussens wurde mit großem Beifall aufgenommen, danach ging der »Vorschlag« zur weiteren Beratung in die Konvente. Wieder waren die Verhandlungen sehr dramatisch. Für Hermann Sasse war es ganz unmöglich, einer gemeinsamen Erklärung zuzustimmen, die in ihrer Präambel auf die Verfassung der Reichskirche Bezug nahm — die für ihn keine Kirche war —, nicht aber auf das Augsburgische Bekenntnis. Auf der anderen Seite warnten die lutherischen Laien in einer Erklärung: das Nicht-Zustandekommen der Kampfgemeinschaft würde das Ende der Deutschen Evangelischen Kirche bedeuten — und das wollte eigentlich niemand.

Schließlich wurde ein aus acht Männern bestehender Ausschuß bestimmt, der über die endgültige Fassung der Theologischen Erklärung beraten sollte. Dieser Ausschuß saß am 30. Mai von 17 Uhr nachmittags bis 1 Uhr nachts zusammen; es wurde sehr hart, aber brüderlich verhandelt. Am nächsten Vormittag wurde der Synode die »2. Lesung des Vorschlages des theologischen Ausschusses für die Bekenntnissynode der Deutschen Evangelischen Kirche« vorgelegt und von Asmussen erläutert. Sie wurde nach kurzer Aussprache dann von der gesamten Synode als »Theologische Erklärung zur gegenwärtigen Lage der Deutschen Evangelischen Kirche« einstimmig angenommen; einzig Hermann Sasse hatte sich nicht zur Zustimmung bereit erklären können. Er reiste vorzeitig ab und legte Präses Koch seine Gründe in einem langen Schreiben dar.

Mit der einstimmigen Annahme der Erklärung durch die Synode war nun doch etwas verwirklicht worden, was bis kurz zuvor kaum möglich schien: eine gemeinsame bekenntnismäßige Aussage von Lutheranern, Reformierten und Unierten. Die Theologische Erklärung hatte jedoch auf der Synode selbst noch bedeutende Änderung erfahren, die durch einen Vergleich der von Asmussen am 30. Mai vorgetragenen mit der am 31. Mai verabschiedeten Fassung leicht sichtbar werden: Wie schon in Leipzig wurden aus der Präambel alle Hinweise auf die »Vereinigung der Bekenntniskirchen« gestrichen; auf derselben Linie liegt, daß nicht mehr von der »Einheit«, sondern von der »Gemeinsamkeit« des Bekenntnisses gesprochen wird. Die 5. These wurde im interkonfessionellen Ausschuß von Karl Barth neu formuliert und sofort einstimmig angenommen. Die neue Fassung kam einem immer wieder von lutherischer Seite geäußerten Wunsch entgegen, es müsse auch etwas Positives über den Staat ausgesagt werden.

Die Entstehungsgeschichte der Barmer Theologischen Erklärung spiegelt wider, wie mühsam es für die konfessionell unterschiedlich geprägten Christen und Kirchen in Deutschland gewesen ist, zueinanderzufinden. Es galt ja auch, Gräben zu überwinden, die sich 400 Jahre vorher aufgetan hatten. Die Barmer Theologische Erklärung ist das erste gemeinsame Glaubenszeugnis evangelischer Christen in Deutschland nach den Spaltungen der Reformationszeit — darin liegt eine Verpflichtung, »Barmen« nicht nur als Zeugnis der Vergangenheit zu verstehen, sondern als einen »Ruf nach vorwärts«.

Die Beschlüsse zur Theologischen Erklärung von Barmen

Einführung

»Es ist ein Wunder vor unsern Augen.« So kommentierte der Pfarrer und Chronist Klugkist Hesse im Wochenblatt »Unter dem Wort« vom 10. Juni 1934 das Ereignis von Barmen. Er sprach damit aus, was viele Synodale und viele von denen, die die Barmer Synode mit ihren Gebeten und Hoffnungen begleitet hatten, damals empfanden.

Ein Wunder war bereits die keineswegs selbstverständliche Tatsache, daß dieser Zusammenschluß von 139 »Vertretern lutherischer, reformierter und unierter Kirchen, freier Synoden, Kirchentage und Gemeindekreise« aus 18 Landeskirchen zur ersten und konstituierenden Bekenntnissynode der Deutschen Evangelischen Kirche überhaupt zustande kam, und das in einer erstaunlich kurzen Zeitspanne. Von der Beschlußfassung über ihre Einberufung am 7.5.1934 bis zur Eröffnung am Vorabend der zweitägigen Beratungen am 29.5. waren gut drei Wochen und von der ersten Zusammenkunft in Nürnberg am 11.4., mit der man die Vorüberlegungen für eine solche Synode in Verbindung bringen kann, waren nur sieben Wochen vergangen!

Wie ein Wunder erschien darüber hinaus die Einmütigkeit und Eindeutigkeit, mit der die Synode angesichts der heillosen Verwirrung in den Gemeinden die notwendigen Erklärungen zur Rechtslage und zur praktischen Arbeit (vgl. u. S. 59 ff.) verabschiedete. Damit löste sie gegenüber der Öffentlichkeit, insbesondere gegenüber den Deutschen Christen und dem von ihnen getragenen Reichskirchenregiment, den Anspruch, die rechtmäßige Leitung der Deutschen Evangelischen Kirche zu sein, verbindlich und wegweisend ein. Die Rechnung staatlicher Stellen, die Synode werde sich innerlich spalten, so daß man auf Polizeiaktionen, die sich auch einigungsfördernd auswirken könnten, verzichtete, war nicht aufgegangen.

Die Erklärungen zur Rechtslage und zur praktischen Arbeit waren aber erst möglich aufgrund einer theologischen Verständigung über die »unantastbare Grundlage« von Schrift und Bekenntnis, an der sich alle kirchliche Ordnung und Praxis zu messen hat. Da auch die Deutschen Christen auf dieser Grundlage zu stehen behaupteten, reichte die bloße Berufung auf die Grundartikel der Deutschen Evangelischen Kirche gemäß ihrer Verfassung vom 11. Juli 1933 nicht aus. Sowenig den Beteiligten der Sinn nach einer Diskussion der Bekenntnisfrage oder gar nach einem neuen Unionsbekenntnis stand, sosehr war doch allen bewußt, daß die Situation das klare Ja und Nein einer gemeinsamen Bekenntnisaussage erforderte, um die deutsch-christlichen Grundsätze und Handlungsweisen ihrer Schrift- und Bekenntniswidrigkeit und damit auch ihrer Verfassungswidrigkeit zu überführen. Daß es der Barmer Synode gegeben war, trotz der Bekenntnisverschiedenheit der beteiligten Kirchen in Gestalt der » *Theologischen Erklärung zur gegenwärtigen Lage der Deutschen Evangelischen Kirche*« ein solches »gemeinsames Wort« des Bekennens grundlegender evangelischer Wahrheiten zu sprechen, das ist das eigentliche Ereignis oder »Wunder« von Barmen. Die Bezeichnung »Erklärung« für dieses gemeinsame Wort wurde bewußt zurückhaltend gewählt. Das wird deutlich erkennbar an einer Bemerkung, die der Theologieprofessor Karl Barth bereits auf der Freien reformierten Synode vom 4. Januar 1934 bei Gelegenheit der von ihm verfaßten und vorgestellten »Erklärung über das rechte Verständnis der reformatorischen Bekenntnisse in der Deutschen Evangelischen Kirche der Gegenwart« gemacht hatte: »Die Erklärung, die ich Ihnen vorlege, kann nur sein eine Frage, die ich an Sie richte und die Sie als die Vertreter der Gemeinden aufnehmen und beantworten müssen im Namen der Kirche. So und nur so entsteht wirkliches Bekenntnis . . . Ein Bekenntnis kann es unter Umständen werden oder auch nicht werden. Darum nenne ich es: Erklärung . . .«

Für die der Synode vorausgehende Entstehungsgeschichte der Theologischen Erklärung sei auf den Beitrag von Carsten Nicolaisen in dieser Ausgabe (S. 20 ff.) verwiesen. Auf der Synode selbst kam es am Vormittag des 30. Mai zur ersten Lesung des vom Theologischen Ausschuß vorgelegten Entwurfs im Zusammenhang eines erläuternden Vortrags des Altonaer Pfarrers Hans Asmussen. Unter dem Eindruck dieses Vortrags wurde zwar der Vorschlag einer diskussionslosen Annahme und Empfehlung gemacht, aber man entschied sich doch sehr schnell für den durch die Verfassung der Deutschen Evangelischen Kirche vorgezeichneten Weg, in Bekenntnisfragen in die jeweiligen Bekenntniskonvente auseinanderzugehen und gesondert zu beraten. So wurde der Text des vorgelegten Entwurfs am Nachmittag des 30. Mai und zuletzt im interkonfessionellen Ausschuß (Asmussen, Barth, Beckmann, Merz und Putz unter Hinzuziehung von Obendiek und Niesel) bis in die späten Nachtstunden Satz für Satz und Wort für Wort gründlich durchgesprochen. Er hat auf diese Weise bis zur zweiten Lesung am späten Vormittag des 31. Mai noch einige Veränderungen und Ergänzungen erfahren. Auf diesem Hintergrund ist die *Beschlußfassung zur Theologischen Erklärung* zu verstehen und die Tatsache ihrer einstimmigen Annahme durch die Synode zu würdigen. Was der Synodale Professor Gerhard Ritter in der Aussprache im Plenum unter dem Eindruck dieses sehr sorgfältigen und verantwortlichen Diskussions- und Aneignungsprozesses formuliert hat, dürfte das allgemeine Empfinden der Synode widerspiegeln: »Ich habe gestern das Wort geprägt, das dann Bruder Asmussen im lutherischen Konvent aufgegriffen hat, daß seine Rede gestern morgen ein gut lutherischer Kommentar zu einem gut reformierten Texte gewesen sei. Jetzt muß ich sagen: Dieser Text ist weder lutherisch konfessionell noch reformiert konfessionell, sondern hier klingt wirklich die Stimme der Bekennenden Kirche heraus, indem wir uns zusammen wieder erkennen und wieder hören.«

Im ersten Teil der Beschlußfassung heißt es, daß die Synode die Theologische Erklärung »im Zusammenhang mit dem Vortrag von Pastor Asmussen« als christliches, biblisch-reformatorisches Zeugnis annimmt und auf ihre Verantwortung nimmt. Wie aus den Protokollen und Berichten der Synode hervorgeht, hat der »*Vortrag über die Theologische Erklärung zur gegenwärtigen Lage der Deutschen Evangelischen Kirche*« von Hans Asmussen maßgeblich zum Prozeß der Aneignung und schließlichen Annahme beigetragen. Der Text des eigentlichen Vortrags ist im folgenden in der 1934 im Emil-Müller-Verlag erschienenen Fassung wiedergegeben, während die zugeordneten Textpassagen der Theologischen Erklärung, auf die sich Asmussen in seinem Vortrag bezogen hat, abweichend von den bisherigen Ausgaben den Stand des Entwurfs vom 30. Mai vormittags wiedergeben. Es ist selbstverständlich, daß sich die Beschlußfassung der Synode nicht auf diese vorläufige, sondern auf die endgültige Fassung der Theologischen Erklärung bezieht.

1

Theologische Erklärung zur gegenwärtigen Lage der Deutschen Evangelischen Kirche

Die Deutsche Evangelische Kirche ist nach den Eingangsworten ihrer Verfassung vom 11. Juli 1933 ein Bund der aus
der Reformation erwachsenen, gleichberechtigt nebeneinanderstehenden Bekenntniskirchen. Die theologische Voraussetzung der Vereinigung dieser Kirchen ist in Art. 1 und Art.
2, 1 der von der Reichsregierung am 14. Juli 1933 anerkannten Verfassung der Deutschen Evangelischen Kirche angegeben:

Art. 1: Die unantastbare Grundlage der Deutschen Evangelischen Kirche ist
das Evangelium von Jesus Christus, wie es uns in der Heiligen Schrift bezeugt

Die *Deutsche Evangelische Kirche* (DEK), die den erst 1922 ge-
gründeten Deutschen Evangelischen Kirchenbund ablöste, ist nicht
ohne den Eindruck der nationalsozialistischen Machtübernahme
zustande gekommen, wie bereits der Eingangssatz ihrer Verfassung
zeigt: »In der Stunde, da Gott unser deutsches Volk eine große geschichtliche Wende erleben läßt, verbinden sich die deutschen evangelischen Kirchen in Fortführung und Vollendung der durch den
Deutschen Evangelischen Kirchenbund eingeleiteten Einigung zu
einer einigen Deutschen Evangelischen Kirche.« Dennoch hatten
die Deutschen Christen (DC) ihre Forderung nach einer zentral ge-
lenkten »Evangelischen Reichskirche lutherischer Prägung« nicht
durchsetzen können. Vielmehr folgte die Verfassung, die am 11. Juli
1933 von den Vertretern aller Landeskirchen einstimmig angenommen wurde, einem föderalistischen Verfassungsentwurf: Die DEK
wurde keine »Nationalkirche«, sondern blieb ein Bund von gleich-
berechtigten Bekenntniskirchen.
So konnte sich die Barmer Synode auf die *Verfassung* der DEK berufen und damit ihren Anspruch auf Rechtmäßigkeit als Bekenntnissynode der DEK sowohl innerkirchlich als auch im Verhältnis
zum Staat bekräftigen. Die Berufung auf die Verfassung der DEK
zielte aber vor allem auf die in ihrem Grundartikel feierlich als »unantastbare Grundlage« erklärte *theologische Voraussetzung*. Auf
den Art. 1 der Verfassung hat sich die Bekennende Kirche immer
wieder bezogen, weil hier das Schrift- und Bekenntnisprinzip als
Kriterium alles kirchlichen Handelns verankert war und gegen die
deutsch-christliche Inanspruchnahme und Auslegung der Verfas-

und in den Bekenntnissen der Reformation neu ans Licht getreten ist. Hierdurch werden die Vollmachten, deren die Kirche für ihre Sendung bedarf, bestimmt und begrenzt.

Art. 2: Die Deutsche Evangelische Kirche gliedert sich in Kirchen (Landeskirchen).

Wir, die zur Bekenntnissynode der Deutschen Evangelischen Kirche vereinigten Vertreter lutherischer, reformierter und unierter Kirchen, freier Synoden, Kirchentage und Gemeindekreise erklären, daß wir gemeinsam auf dem Boden der Deutschen Evangelischen Kirche als eines Bundes der deutschen Bekenntniskirchen stehen. Uns fügt dabei zusammen das Bekenntnis zu dem einen Herrn der einen, heiligen, allgemeinen und apostolischen Kirche.

Wir erklären vor der Öffentlichkeit aller evangelischen Kirchen Deutschlands, daß die Gemeinsamkeit dieses Bekenntnisses und damit auch die Einheit der Deutschen Evangeli-

sung — z.B. im Sinne des »Führerprinzips« — angeführt werden konnte.

Seit dem überwältigenden Sieg der Deutschen Christen bei den Kirchenwahlen vom 23. Juli 1933 war die Zerstörung der Einheit der DEK durch die *»Lehr- und Handlungsweise der herrschenden Kirchenpartei der Deutschen Christen und des von ihr getragenen Kirchenregimentes«* bedrohlich vorangeschritten. Zu Einzelheiten dieser sich bis in die einzelnen Gemeinden verheerend auswirkenden Lehr- und Handlungsweise sei auf den Beitrag von Joachim Beckmann und auf die Hintergrunddokumente zu den einzelnen Thesen verwiesen.

Angesichts des deutsch-christlichen Angriffs auf die »unantastbare Grundlage« der DEK war es für die Barmer Synode unumgänglich, trotz aller Bekenntnisunterschiede das Gemeinsame ihres Bekenntnisses im Sinne von Art. 1 der Verfassung der DEK zum Ausdruck zu bringen. Sie tat das bereits in der Präambel, in der in wörtlichem Anschluß an das nizänische Glaubensbekenntnis von dem »gemeinsamen Bekenntnis zu dem einen Herrn der einen, heiligen, allgemeinen und apostolischen Kirche« gesprochen wird. Vor allem aber hat sie es gewagt, in Anwendung und Auslegung des gemeinsamen reformatorischen Schrift- und Bekenntnisprinzips mit jenen sechs *»evangelischen Wahrheiten«*, die gemeinhin die Barmer Thesen genannt werden, eine neue, gemeinsame Bekenntnisaussage zu machen.

Gerade der bis heute bedeutsame vorletzte Absatz der Präambel, der von diesem *»gemeinsamen Wort«* redet, ist in den Kommissions-

schen Kirche aufs schwerste gefährdet ist. Sie ist bedroht durch die in dem ersten Jahr des Bestehens der Deutschen Evangelischen Kirche mehr und mehr sichtbar gewordene Lehr- und Handlungsweise der herrschenden Kirchenpartei der Deutschen Christen und des von ihr getragenen Kirchenregimentes. Diese Bedrohung besteht darin, daß die theologische Voraussetzung, in der die Deutsche Evangelische Kirche vereinigt ist, sowohl seitens der Führer und Sprecher der Deutschen Christen als auch seitens des Kirchenregimentes dauernd und grundsätzlich durch fremde Voraussetzungen durchkreuzt und unwirksam gemacht wird. Bei deren Geltung hört die Kirche nach allen bei uns in Kraft stehenden Bekenntnissen auf, Kirche zu sein. Bei deren Geltung wird also auch die Deutsche Evangelische Kirche als Bund der Bekenntniskirchen innerlich unmöglich.

sitzungen der Synode gründlich diskutiert und überarbeitet worden, bis er die vorliegende Fassung gefunden hatte. Bei manchen Lutheranern war die Sorge groß, die Barmer Synode könnte zu einer neuen Bekenntnisunion zwischen Reformierten und Lutheranern führen. Erst vor dem Hintergrund dieser Befürchtung ist die gleichzeitige Zurückhaltung und Offenheit der Präambel hinsichtlich möglicher Entwicklungen im Verhältnis der Bekenntniskirchen untereinander aufgrund der in Barmen geschenkten Gemeinsamkeit des Bekennens richtig zu würdigen.

Die *Abfolge der Barmer Thesen* ergibt sich aus der Erkenntnis, daß von der Kirche nur dann richtig geredet werden kann, wenn zunächst von Jesus Christus geredet wird. Zwei christologische Thesen gehen deshalb den vier auf die Kirche bezogenen Thesen voran: 1. Jesus Christus — das *eine* Wort Gottes; 2. Jesus Christus — der *eine* Herr unseres Lebens in Zuspruch und Anspruch; 3. Die Kirche als Gemeinde von Brüdern — ihre Wahrheit und ihr umfassender Zeugnisauftrag; 4. Die Ämter in der Kirche — nicht Herrschaft, sondern Dienst; 5. Die Aufgabe des Staates und das Verhältnis der Kirche zum Staat; 6. Der Auftrag der Kirche — die Ausrichtung der Botschaft von der freien Gnade.

Der *Aufbau der einzelnen Thesen* schließt an die Tradition der reformatorischen Bekenntnisse an, freilich mit der Besonderheit, daß das Gewicht der biblischen Begründung für die jeweilige Bekenntnisaussage durch die ausdrückliche Voranstellung eines *biblischen Leitworts* verstärkt wird. Der *bejahenden Lehraussage*, der These im engeren Sinn, korrespondiert jeweils ein *verneinender Verwer-*

Gemeinsam dürfen und müssen wir als Glieder lutherischer, reformierter und unierter Kirchen heute in dieser Sache reden. Gerade weil wir unseren verschiedenen Bekenntnissen treu sein und bleiben wollen, dürfen wir nicht schweigen, da wir glauben, daß uns in einer Zeit gemeinsamer Not und Anfechtung ein gemeinsames Wort in den Mund gelegt ist. Wir befehlen es Gott, was dies für das Verhältnis der Bekenntniskirchen untereinander bedeuten mag.
Wir bekennen uns angesichts der die Kirche verwüstenden und damit auch die Einheit der Deutschen Evangelischen Kirche sprengenden Irrtümer der Deutschen Christen und der gegenwärtigen Reichskirchenregierung zu folgenden evangelischen Wahrheiten:

fungssatz, der formuliert, was als »falsche Lehre« im Widerspruch zu Schrift und Bekenntnis steht und damit die Wahrheit und Einheit der Kirche verläßt. Die Verwerfungssätze zielen in der damaligen Zeit auf die »verwüstenden Irrtümer« der Deutschen Christen in den Jahren 1932 — 1934. Die folgenden Erläuterungen zu den einzelnen Thesen beschränken sich deshalb darauf, diese deutsch-christliche Häresie an ausgewählten Textbeispielen zu dokumentieren. Doch sind auch die Verwerfungssätze der Barmer Thesen so grundsätzlich formuliert, daß sie über die damalige Situation hinausweisen und der kritischen Selbstprüfung unserer kirchlichen Gegenwart dienen können.

1. »Ich bin der Weg und die Wahrheit und das Leben; niemand kommt zum Vater denn durch mich.« (Jo 14,6.)
»Wahrlich, wahrlich ich sage euch: Wer nicht zur Tür hineingeht in den Schafstall, sondern steigt anderswo hinein, der ist ein Dieb und ein Mörder. Ich bin die Tür; so jemand durch mich eingeht, der wird selig werden.« (Jo 10,1.9.)
Jesus Christus, wie er uns in der Heiligen Schrift bezeugt wird, ist das eine Wort Gottes, das wir zu hören, dem wir im Leben und im Sterben zu vertrauen und zu gehorchen haben.
Wir verwerfen die falsche Lehre, als könne und müsse die Kirche als Quelle ihrer Verkündigung außer und neben diesem einen Worte Gottes auch noch andere Ereignisse und Mächte, Gestalten und Wahrheiten als Gottes Offenbarung anerkennen.

Was wir Deutsche Christen wollen, März 1934: »1. In Hitler ist die Zeit erfüllt für das deutsche Volk. Denn durch Hitler ist Christus, Gott der Helfer und Erlöser, unter uns mächtig geworden . . . 2. Hitler (der Nationalsozialismus) ist jetzt der Weg des Geistes und Willens Gottes zur Christuskirche deutscher Nation. Mit lutherischem Glaubensmut wagen wir Deutsche Christen darum mit bewährten alten Steinen (Bibel und Bekenntnis) und neuen Steinen (Rasse und Volkstum) im Glauben diese Kirche zu bauen . . .«
Richtlinien der DC in Thüringen vom 11.12.1933: »Wie jedem Volk, so hat auch unserem Volk der ewige Gott ein arteigenes Gesetz eingeschaffen. Es gewann Gestalt in dem Führer Adolf Hitler und in dem von ihm geformten nationalsozialistischen Staat. Dieses Gesetz spricht zu uns in der aus Blut und Boden erwachsenen Geschichte unseres Volkes.«
Dritte Richtlinien der DC vom 21.12.1933 (= 28 Thesen der sächsischen Volkskirche zum inneren Aufbau der DEK vom 10.12.1933): »11. Die entscheidende Offenbarung Gottes ist Jesus Christus. Urkunde dieser Offenbarung ist das Neue Testament . . . 12. Das Alte Testament hat nicht den gleichen Wert. Die spezifisch jüdische Volkssittlichkeit und Volksreligion ist überwunden . . . 13. Wir erkennen also im Alten Testament den Abfall der Juden von Gott und darin ihre Sünde. Diese Sünde wird vor aller Welt offenbar in der Kreuzigung Jesu. Von daher lastet der Fluch Gottes auf diesem Volke bis zum heutigen Tage.«

2.   »Jesus Christus ist uns gemacht von Gott zur Weisheit und zur Gerechtigkeit und zur Heiligung und zur Erlösung.« (1Kor 1,30.)

Wie Jesus Christus Gottes Zuspruch der Vergebung aller unserer Sünden ist, so und mit gleichem Ernst ist er auch Gottes kräftiger Anspruch auf unser ganzes Leben; durch ihn widerfährt uns frohe Befreiung aus den gottlosen Bindungen dieser Welt zu freiem, dankbarem Dienst an seinen Geschöpfen.

Wir verwerfen die falsche Lehre, als gebe es Bereiche unseres Lebens, in denen wir nicht Jesus Christus, sondern anderen Herren zu eigen wären, Bereiche, in denen wir nicht der Rechtfertigung und Heiligung durch ihn bedürften.

Entschließung des Gaues Großberlin der DC vom 13.11.1933: »Wir fordern, daß eine deutsche Volkskirche ernst macht mit der Verkündigung der von aller orientalischen Entstellung gereinigten schlichten Frohbotschaft und einer heldischen Jesus-Gestalt als Grundlage eines artgemäßen Christentums, in dem an die Stelle der zerbrochenen Knechtsseele der stolze Mensch tritt, der sich als Gotteskind dem Göttlichen in sich und in seinem Volke verpflichtet fühlt.«

Richtlinien der DC vom 26.5.1932: »7. Wir sehen in Rasse, Volkstum und Nation uns von Gott geschenkte und anvertraute Lebensordnungen, für deren Erhaltung zu sorgen uns Gottes Gesetz ist . . . 8. Wir sehen in der recht verstandenen Inneren Mission das lebendige Tat-Christentum . . . Wir wissen etwas von der christlichen Pflicht und Liebe den Hilflosen gegenüber, wir fordern aber auch Schutz des Volkes vor den Untüchtigen und Minderwertigen. Die Innere Mission darf keinesfalls zur Entartung unseres Volkes beitragen.«

Neben dem Ordinationsgelübde abzulegender Diensteid der Geistlichen gemäß Kirchengesetz vom 9.8.1934: »Ich, N.N., schwöre einen Eid zu Gott, dem Allwissenden und Heiligen, daß ich als ein berufener Diener im Amt der Verkündigung sowohl in meinem gegenwärtigen wie in jedem anderen geistlichen Amte, so wie es einem Diener des Evangeliums in der Deutschen Evangelischen Kirche geziemt, dem Führer des deutschen Volkes und Staates Adolf Hitler treu und gehorsam sein und für das deutsche Volk mit jedem Opfer und jedem Dienst, der einem deutschen evangelischen Manne gebührt, mich einsetzen werde . . .«

3. »Lasset uns aber rechtschaffen sein in der Liebe und wachsen in allen Stücken an dem, der das Haupt ist, Christus, von welchem aus der ganze Leib zusammengefügt ist.« (Eph 4,15.16.)

Die christliche Kirche ist die Gemeinde von Brüdern, in der Jesus Christus in Wort und Sakrament durch den Heiligen Geist als der Herr gegenwärtig handelt. Sie hat mit ihrem Glauben wie mit ihrem Gehorsam, mit ihrer Botschaft wie mit ihrer Ordnung mitten in der Welt der Sünde als die Kirche der begnadigten Sünder zu bezeugen, daß sie allein sein Eigentum ist, allein von seinem Trost und von seiner Weisung in Erwartung seiner Erscheinung lebt und leben möchte.

Wir verwerfen die falsche Lehre, als dürfe die Kirche die Gestalt ihrer Botschaft und ihrer Ordnung ihrem Belieben oder dem Wechsel der jeweils herrschenden weltanschaulichen und politischen Überzeugungen überlassen.

Richtlinien der DC vom 26.5.1932: »5. Wir wollen das wiedererwachte deutsche Lebensgefühl in unserer Kirche zur Geltung bringen und unsere Kirche lebenskräftig machen ... Wir wollen, daß unsere Kirche in dem Entscheidungskampf um Sein oder Nichtsein unseres Volkes an der Spitze kämpft. Sie darf nicht abseits stehen oder gar von den Befreiungskämpfern abrücken ... 10. Wir wollen eine evangelische Kirche, die im Volkstum wurzelt, und lehnen den Geist eines christlichen Weltbürgertums ab.«

Prof. Emanuel Hirsch auf der Erfurter Tagung des Verfassungsausschusses der DEK am 6./7.7.1934: Es ist »unerfindlich, warum heute die Ordnungsfrage in der Kirche zum Dogma erhoben werden soll. Diese Entwicklung wird verständlich von der Kirche des Westens her, der Kirche unter dem Kreuz. Diese Kirche erfuhr keinen Not- und Liebesdienst von seiten der öffentlichen Gewalt. Als Notausweg fand man die presbyteriale Ordnung ... Die Kirche kann auf eine Verfassung verzichten, wo sie nicht Kirche unter dem Kreuz ist, also nicht ohne politischen Anschluß bestehen muß. Die Reichskirche ist kein kirchliches Ideal, sie ist eine politische Notwendigkeit des kirchlichen Lebens. Die Kirche muß in ihrer Verfassung dem Staat angepaßt sein.«

4. »Ihr wisset, daß die weltlichen Fürsten herrschen, und die Oberherren haben Gewalt. So soll es nicht sein unter euch; sondern so jemand will unter euch gewaltig sein, der sei euer Diener.« (Mt 20,25.26.)

Die verschiedenen Ämter in der Kirche begründen keine Herrschaft der einen über die anderen, sondern die Ausübung des der ganzen Gemeinde anvertrauten und befohlenen Dienstes.

Wir verwerfen die falsche Lehre, als könne und dürfe sich die Kirche abseits von diesem Dienst besondere, mit Herrschaftsbefugnissen ausgestattete Führer geben oder geben lassen.

Richtlinien der DC vom 16.5.1933: »Den deutschen Kirchen eine Gestalt zu geben, die sie fähig macht, dem deutschen Volke den Dienst zu tun, der ihnen durch das Evangelium von Jesus Christus gerade für ihr Volk aufgetragen ist, das ist das Ziel der ›Deutschen Christen‹. Zur Erreichung dieses Zieles fordern wir: 1. eine neue Kirchenverfassung, die die Organe kirchlichen Lebens nicht nach dem demokratischen Wahlsystem bestellt . . .; 2. eine geistliche Spitze, die die maßgebenden Entscheidungen persönlich zu treffen und zu verantworten hat . . .«

Verfassung der DEK vom 11.7.1933: »Artikel 5: 1. An der Spitze der Kirche steht der lutherische Reichsbischof . . . Artikel 6: 1. Der Reichsbischof vertritt die Deutsche evangelische Kirche. Er ist berufen, die Gemeinsamkeit des kirchlichen Lebens in den Landeskirchen sichtbar zum Ausdruck zu bringen und für die Arbeit der Deutschen evangelischen Kirche eine einheitliche Führung zu gewährleisten . . . 2. Der Reichsbischof weist die Mitglieder des geistlichen Ministeriums in ihr Amt ein . . . Er vollzieht die Ernennung und Entlassung der Beamten der Deutschen evangelischen Kirche . . .«

Bischof Peter, Magdeburg, am 4.2.1934 über die Autorität des Bischofsamtes: »Diese Autorität ist keine geistliche Autorität, die dem allgemeinen Priestertum der Gläubigen widerstreitet . . . Diese Autorität evangelischer Bischofsämter ruht vielmehr in der Geschichte, die wir durch Gott erleben, und ist aus dieser Geschichte abzuleiten. Denn für das Deutschland des Dritten Reiches gibt es nur eine Autorität: Die Autorität des Führers.«

5. »Fürchtet Gott, ehret den König.« (1Petr 2,17.)
Die Schrift sagt uns, daß der Staat nach göttlicher Anordnung
die Aufgabe hat, in der noch nicht erlösten Welt, in der auch
die Kirche steht, nach dem Maß menschlicher Einsicht und
menschlichen Vermögens unter Androhung und Ausübung
von Gewalt für Recht und Frieden zu sorgen. Die Kirche erkennt in Dank und Ehrfurcht gegen Gott die Wohltat dieser
seiner Anordnung an. Sie erinnert an Gottes Reich, an Gottes
Gebot und Gerechtigkeit und damit an die Verantwortung
der Regierenden und Regierten. Sie vertraut und gehorcht
der Kraft des Wortes, durch das Gott alle Dinge trägt.
Wir verwerfen die falsche Lehre, als solle und könne der Staat
über seinen besonderen Auftrag hinaus die einzige und totale
Ordnung menschlichen Lebens werden und also auch die Be-
stimmung der Kirche erfüllen.
Wir verwerfen die falsche Lehre, als solle und könne sich die
Kirche über ihren besonderen Auftrag hinaus staatliche Art,
staatliche Aufgaben und staatliche Würde aneignen und damit selbst zu einem Organ des Staates werden.

Richtsätze der Glaubensbewegung Deutsche Volkskirche vom
18.11.1933: »1. Wir erstreben eine einheitliche Deutsche Volkskirche auf der Grundlage eines wirklich artgemäßen deutschen Christentums nach dem Grundsatz: Ein Volk, ein Reich, ein Glaube.
2. Wir bekennen uns zu der Gottesoffenbarung der in Blut und Boden
wurzelnden Volksgemeinschaft . . . 4. Für die Kirche gelten restlos
die gleichen Lebensgesetze wie für den Staat: Dienst an unserm Volk
ist Gottesdienst. Mitglied können nur Volksgenossen werden, die
arischer Abstammung sind . . .«
Dritte Richtlinien der DC vom 21.12.1933: »2. Die lutherische Kirche kann um ihrer Volksverbundenheit willen dem nationalsozialistischen Staat gegenüber keine Konkordatshaltung einnehmen. Als
Volkskirche steht sie im Vertrauen zu diesem Staate. Kirchenführer
kann nur sein, wer das Vertrauen der Staatsführung besitzt . . .
9. Gott stellt den Menschen in die Lebensordnungen von Familie,
Volk und Staat. Darum erkennt die Volkskirche im Totalitätsanspruch des nationalsozialistischen Staates den Ruf Gottes zu Familie, Volk und Staat.«
Was wir Deutsche Christen wollen, März 1934: »4. Glaube und
wahre Politik (nie Partei- oder Kirchenpolitik) sind nicht zu tren-
nen; im Glauben fließen für unser Handeln Staat und Kirche zusammen. 5. Der Staat ist das Werkzeug Gottes zur Erhaltung des deutschen Volkes nach außen, die Kirche das Werkzeug Gottes zur Erhaltung des deutschen Volkes nach innen.«

6. »Siehe, ich bin bei euch alle Tage bis an der Welt Ende.«
(Mt 28,20.)
»Gottes Wort ist nicht gebunden.« (2Tim 2,9.)
Der Auftrag der Kirche, in welchem ihre Freiheit gründet,
besteht darin, an Christi Statt und also im Dienst seines eige-
nen Wortes und Werkes durch Predigt und Sakrament die
Botschaft von der freien Gnade Gottes auszurichten an alles
Volk.
Wir verwerfen die falsche Lehre, als könne die Kirche in
menschlicher Selbstherrlichkeit das Wort und Werk des
Herrn in den Dienst irgendwelcher eigenmächtig gewählter
Wünsche, Zwecke und Pläne stellen.

Dritte Richtlinien der DC vom 21.12.1933: »6. Gott fordert den
ganzen Menschen. Die Verkündigung der Kirche hat das Ziel, den
Menschen unter den Willen Gottes zu stellen. 7. Als Kirche Jesu
Christi hat sie (sc. die DEK) vornehmlich die Aufgabe, dem deutschen Menschen, der von Gott als Deutscher geschaffen ist, das
Evangelium von Jesus Christus zu verkündigen.«
Kirchenrat Leutheusser am Tag der DC in Saalfeld am 30.8.1933:
»Das Wort deutsch ist Gottes Wort! Wer das begreift, dem lösen sich
leicht alle theologischen Streitigkeiten. Dies ist deutsch: kehrt heim
aus dem Egoismus, aus eurer Verlassenheit, heim zu Deutschland . . . Christus ist zu uns gekommen durch Adolf Hitler. Der ist
der entscheidende Mensch gewesen, als ein ganzes Volk bereit war,
unterzugehen. Hitler schlug für uns in sich, durch seine Kraft, seine
Ehrlichkeit, seinen Glauben und seinen Idealismus fand der Heiland
zu uns . . . Wir haben eigentlich nur eine Aufgabe: Werdet deutsch!
Nicht: werdet Christen.«
Richtlinien der DC vom 26.5.1932: »In der Judenmission sehen wir
eine schwere Gefahr für unser Volkstum. Sie ist das Eingangstor
fremden Blutes in unseren Volkskörper. Sie hat neben der Äußeren
Mission keine Daseinsberechtigung. Wir lehnen die Judenmission in
Deutschland ab, solange die Juden das Staatsbürgerrecht besitzen
und damit die Gefahr der Rassenverschleierung und Bastardierung
besteht. Die Heilige Schrift weiß auch etwas zu sagen vom heiligen
Zorn und sich versagender Liebe.«

Die Bekenntnissynode der Deutschen Evangelischen Kirche erklärt, daß sie in der Anerkennung dieser Wahrheiten und in der Verwerfung dieser Irrtümer die unumgängliche theologische Grundlage der Deutschen Evangelischen Kirche als eines Bundes der Bekenntniskirchen sieht. Sie fordert alle, die sich ihrer Erklärung anschließen können, auf, bei ihren kirchenpolitischen Entscheidungen dieser theologischen Erkenntnisse eingedenk zu sein. Sie bittet alle, die es angeht, in die Einheit des Glaubens, der Liebe und der Hoffnung zurückzukehren.

Verbum Dei manet in aeternum.

Die Schlußsätze der Theologischen Erklärung bekräftigen, daß die DEK als Bund von Bekenntniskirchen mit der »Anerkennung dieser Wahrheiten« und der »Verwerfung dieser Irrtümer« steht und fällt (status confessionis). Die Erklärung schließt mit dem lateinischen Zitat von Jesaja 40,8 = 1. Petrus 1,25: »Des Herrn Wort bleibt in Ewigkeit.«

2

Hans Asmussen

Vortrag über die Theologische Erklärung zur gegenwärtigen Lage der Deutschen Evangelischen Kirche

»Die Deutsche Evangelische Kirche ist nach den Eingangsworten ihrer Verfassung vom 11. Juli 1933 ein Bund der aus der Reformation erwachsenen, gleichberechtigt nebeneinanderstehenden Bekenntniskirchen. Diese möchten sich durch ihre Vereinigung gemeinsam zu der kommenden Gottesgabe der einen, heiligen, allgemeinen und apostolischen Kirche im Sinn von Eph. 4,4—6 bekennen. Die theologische Voraussetzung der Vereinigung dieser Kirchen ist in Art. 1, Art. 2,1 und Art. 4,1 der von der Reichsregierung am 14. Juli 1933 anerkannten Verfassung der Deutschen Evangelischen Kirche angegeben:

Art. 1: Die unantastbare Grundlage der Deutschen Evangelischen Kirche ist das Evangelium von Jesus Christus, wie es uns in der Heiligen Schrift bezeugt und in den Bekenntnissen der Reformation neu ans Licht getreten ist. Hierdurch werden die Vollmachten, deren die Kirche für ihre Sendung bedarf, bestimmt und begrenzt.

Art. 2,1: Die Deutsche Evangelische Kirche gliedert sich in Kirchen (Landeskirchen).

Art. 4,1: Die Deutsche Evangelische Kirche will die in ihr geeinte deutsche evangelische Christenheit für die Erfüllung des göttlichen Auftrages der Kirche rüsten und einsetzen. Sie hat deshalb von der Heiligen Schrift und den reformatorischen Bekenntnissen her sich um eine einheitliche Haltung in der Kirche zu bemühen und der kirchlichen Arbeit Ziel und Richtung zu weisen.«

Mit diesen Worten beginnt die theologische Erklärung zur gegenwärtigen Lage in der Deutschen Evangelischen Kirche. Sie will mit ihnen Nachstehendes zum Ausdruck bringen:

Die Bekenntnissynode der Deutschen Evangelischen Kirche ist nicht gleichbedeutend mit der Gründung einer neuen Kirche. Vielmehr setzt sie sich zusammen aus Vertretern derjenigen Bekenntniskirchen, welche im Jahre 1933 durch die Verfassung der Deutschen Evangelischen Kirche in diese zusammengefaßt wurden. Sie ist also Vertretung in rechtmäßiger Nachfolge der bisherigen Landeskirchen. In der Zusammenfassung durch die Verfassung von 1933 lag nach dem Willen des Gesetzgebers nicht, daß die bestehenden Kirchen aufhören sollten zu sein, was sie sind: Bekenntniskirchen. Darum trug die Zusammenfassung den Charakter eines *Bundes,* in welchem weitergeführt wurde, was im Deutschen Evangelischen Kirchenbund bereits angestrebt worden war. Jede Veränderung dieser Art der Zusammengehörigkeit hätte unabsehbare rechtliche und vor allen Dingen kirchliche Folgen nach sich gezogen.

Die Verfassung bringt zum Ausdruck, daß die Deutsche Evangelische Kirche nur auf bestimmten kirchlichen und theologischen Voraussetzungen aufgebaut werden kann. Darum dürfen ihr auch nur bestimmte *theologische* und *kirchliche* Ziele gesteckt werden. Diese Voraussetzungen und diese Ziele ergeben sich für die Deutsche Evangelische Kirche allein »aus dem Evangelium von Jesus Christus, wie es uns in der Heiligen Schrift bezeugt und in den Bekenntnissen der Reformation neu ans Licht getreten ist.« Damit ist ausgesprochen, daß der Ausgangspunkt der Arbeit und der erwünschten Entwicklung die bestimmte, durch den Charakter der einzelnen Bekenntniskirchen festgelegte Grundlage eben dieser Bekenntniskirchen ist. Diesen Tatbestand hat die Reichsregierung unter dem 14. Juli 1933 gesetzlich anerkannt.

Auf dem Grund dieser theologischen Voraussetzungen und mit gutem Gewissen gegen das Deutsche Reich — auf Grund dieser seiner Gesetzgebung — bestimmt die Bekenntnissynode der Deutschen Evangelischen Kirche ihren Standort so:

>»Wir, die zur Bekenntnis-Synode der Deutschen Evangelischen Kirche vereinigten Vertreter lutherischer, reformierter und unierter Kirchen, freier Synoden, Kirchentage und Gemeindekreise erklären, daß wir gemeinsam auf dem Boden der Deutschen Evangelischen Kirche, d.h. dieses Bundes der deutschen Bekenntniskirchen stehen. Uns fügt dabei zusammen das Bekenntnis zu der einen Kirche Jesu Christi, welches bei der Vereinigung der Bekenntniskirchen zur Deutschen Evangelischen Kirche ausgesprochen ist.«

Damit bringt die Bekenntnissynode der Deutschen Evangelischen Kirche zum Ausdruck, daß man ihr nur zu Unrecht ein Verlassen der Bekenntnis-, Verfassungs- und Rechtsgrundlage vorwerfen kann. Wir sind keine Rebellen; aber wir müssen um unserer Verantwortung willen vor Gott und Menschen fordern, daß weder uns noch anderen durch Verrückung der Bekenntnis- und Rechtsgrundlage die Möglichkeit genommen wird, dieser unserer Verantwortung vor Gott und Menschen gerecht zu werden. Wir können nicht mit gutem Gewissen Glieder der Deutschen Evangelischen Kirche sein, wenn sie nicht in Worten und Handlungen dem Tatbestande Rechnung trägt, daß sie in ihrer Verfassung mit ganzem Ernst und ohne Vorbehalt sich auf jene Bekenntnisgrundlage bezieht. Uns wäre es unmöglich gemacht, weiter in der Deutschen Evangelischen Kirche zu verbleiben, wenn die angezogenen Artikel der Verfassung etwa nur den Sinn hätten, hinter ihrem Schutz allmählich eine grundsätzliche Umwandlung des Wesens der Deutschen Evangelischen Kirche zu vollziehen.

Man könnte uns fragen, inwiefern wir zur Bekenntnissynode der Deutschen Evangelischen Kirche gerade in dieser Zusammensetzung uns versammelt haben. Denn wir sind ein Kreis, der sich zusammensetzt aus gesetzlichen Vertretern deutscher Kirchen, aber auch aus freien Vertretern freier Synoden, Kirchentage und Gemeindekreise, denen die gesetzlich anerkannte Berufung noch abgeht. Wir haben aber dabei ein gutes Gewissen. Nicht aus Vorwitz haben wir uns versammelt und nicht in Übereilung, sondern es haben sich hier die Vertreter solcher Kirchenkörper und solcher freien Kreise zusammengefunden, welche überzeugt sind, daß es nunmehr des Einsatzes aller Kräfte, und zwar ohne Verzug, bedarf, weil ein Notstand, nämlich Bekenntnis- und Rechtsnot, eingetreten ist. Aus diesem Notstand, der die Bekenntnis- und Verfassungsgrundlagen der Deutschen Evangelischen Kirche bis aufs äußerste gefährdet, erklärt und rechtfertigt es sich, daß wir hier in dieser Zusammensetzung uns versammelt haben. Dem bestehenden Notstand geben wir mit folgenden Worten Ausdruck:

»Wir erklären aber vor der Öffentlichkeit aller evangelischen Kirchen Deutschlands ebenso gemeinsam, daß die Einheit dieses Bekenntnisses und damit auch die Einheit der Deutschen Evangelischen Kirche aufs schwerste gefährdet ist. Sie ist nämlich bedroht durch die in dem ersten Jahr des Bestehens der Deutschen Evangelischen Kirche mehr und mehr sichtbar gewordene Lehr- und Handlungsweise der herrschenden Kirchenpartei der Deutschen Christen und des von ihr getragenen Kirchenregimentes. Diese Bedrohung besteht darin, daß die theologische Voraussetzung, in der die Deutsche Evangelische Kirche vereinigt ist, sowohl seitens der Führer und Sprecher der Deutschen Christen, als auch seitens der Kirchenregimente dauernd und grundsätzlich durch fremde Voraussetzungen durchkreuzt und unwirksam gemacht wird. Bei deren Geltung hört die Kirche nach allen bei uns in Kraft stehenden Bekenntnissen auf, Kirche zu sein. Bei deren Geltung wird also auch die Deutsche Evangelische Kirche als Bund der Bekenntniskirchen innerlich unmöglich.«

Unsere Bekenntnisgemeinschaft ist also nach der positiven und nach der negativen Seite hin begründet. Uns Vertreter dieser Synode eint das gemeinsame Bekenntnis zu der einen Kirche Jesu Christi; uns eint der verfassungs- und rechtmäßig feststehende Grund der Deutschen Evangelischen Kirche. Uns eint aber ebensosehr der unerhörte, Grundlage und Wesen der Deutschen Evangelischen Kirche zerstörende Angriff, welchem die Deutsche Evangelische Kirche seit mehr als einem Jahr ausgesetzt ist. Wir würden uns vor Gott versündigen, wir würden auch die uns gebotene Liebe zu Volk und Vaterland verleugnen, wenn wir diesen Tatbestand nicht mit dem Ausdruck des schärfsten Protestes vor der deutschen Öffentlichkeit darlegen würden. Denn die Einheit des Bekenntnisses zu der einen Kirche Jesu Christi ist in der Deutschen Evangelischen Kirche auf das schwerste gefährdet. Damit droht die Deutsche Evangelische Kirche überhaupt auseinanderzufallen. Denn nur in diesem Bekenntnis gibt es Deutsche Evangelische Kirche.

Offenbar geworden ist diese Gefährdung sowohl durch Lehr- und Handlungsweise der herrschenden Kirchenpartei der Deutschen Christen als auch durch die von ihr getragene Reichskirchenregierung. Dabei handelt es sich nicht um gelegentliche Versehen einzelner, denen man auf dem Verwaltungswege begegnen und sie so beseitigen könnte; sondern es handelt sich um falsche Lehre auf der ganzen Front und um ein Verhalten, das nicht nur gelegentlich, sondern grundsätzlich und in seiner ganzen Breite dem Evangelium, den in Kraft bestehenden Bekenntnissen und der Verfassung der Deutschen Evangelischen Kirche widerstreitet. Wir müßten dicke Bände schreiben, um die Unsumme von Gewalttaten, Unrecht, Rechtsbeugung und Rechtsbruch aufzuzählen, in welchen diese Handlungsweise sichtbar geworden ist. Nicht mit Unrecht werden wir den neuesten Annäherungsversuch der Deutschen Christen an uns (vgl. die Pläne einer Aussprache in Erlangen) so deuten, daß auch ihnen selbst aufzugehen beginnt, welche unabsehbaren Folgen aus der bisher vertretenen falschen Lehre und aus den bisher begangenen unkirchlichen und rechtswidrigen Handlungen sich ergeben werden. Auch sieht jeder Einsichtige, daß die heillose Verwirrung der durch die Reichskirchenregierung geübten Gesetzgebung kaum noch übertroffen werden kann. Wenn man auch hin und wieder den gröbsten Entgleisungen auf dem Gebiet der Lehre widerstand, so sehen wir mit Schrecken, daß dieser Widerstand nur dann erfolgte, wenn taktische Erwägungen ihn erwünscht erscheinen ließen.

Die von uns angefochtenen lehrhaften Äußerungen und die daraus fließenden unchristlichen und widerrechtlichen Handlungen sind aber nicht der tiefste Grund unseres Protestes. Vielmehr geht dieser Protest entscheidend gegen diejenigen der Kirche art- und wesensfremden Voraussetzungen, mit denen die Reichskirchenregierung ebensowohl wie Führer und Sprecher der Deutschen Christen die theologischen Voraussetzungen der Deutschen Evangelischen Kirche dauernd und grundsätzlich durchkreuzt und unwirksam gemacht haben. Unser Protest ist also nicht ein zufälliger und gelegentlicher, sondern ein grundsätzlicher. Er ist nur so verständlich, daß er aus einer anderen Wurzel erwächst wie die grundsätzliche Haltung der Deutschen Christen und der Reichskirchenregierung. In dieser anderen Wurzel liegt viel mehr die drohende Auflösung der Deutschen Evangelischen Kirche schlechthin begründet, als in dem vielfach begangenen Unrecht und den häufig geäußerten lehrhaften Ungeheuerlichkeiten. Weil aber die Dinge, um die es geht, so tief greifen, ist auch die Einheit, die uns in unserer Synode zusammenführt, so tief begründet, daß sie nur durch Abfall unserer Glieder vom lauteren Evangelium gefährdet werden könnte. Das möge Gott in Gnaden verhüten!

Wenn nun jemand sagen wollte, daß die Einheit, die uns zusammenführt, eine unredliche Einheit ist, oder ein neuer Versuch, die alte Union wieder zu erneuern, so müssen wir dagegen auf das schärfste protestieren, auch dann, wenn uns dieser Einwand nicht aus taktischen und propagandistischen Erwägungen heraus gemacht würde. Wir bestimmen das Verhältnis der in unserer Gemeinschaft vorhandenen Konfessionen wie folgt:

»Wir dürfen aber auch nicht schweigen, da uns in einer Zeit gemeinsamer Not tatsächlich ein gemeinsames Wort des Glaubens in den Mund gelegt ist. Wir befehlen es Gott, was diese Tatsache für das Verhältnis der Bekenntniskirchen untereinander für die Zukunft bedeuten mag.«

Als Lutheraner, Reformierte und Unierte sind wir heute zusammengekommen. Eine frühere Zeit hat meinen können, daß die zwischen uns noch unerledigten Fragen unwesentlich seien. Wir erachten es als ein Geschenk Gottes, daß wir in den letzten Jahren gelernt haben, wie wesentlich diese Fragen sind. Es seien nur einige dieser Fragen genannt: Wie kann und soll das vor mehr als 300 Jahren abgebrochene Gespräch zwischen Lutheranern und Reformierten über das heilige Abendmahl, über die Lehre von Christus, über die Erwählung wieder aufgenommen werden? — Kann und darf man die Union als Bekenntniskirche parallel den lutherischen und reformierten Kirchen bezeichnen? — Hat die Union überhaupt ein Bekenntnis? — Uns ist bewußt, daß diese und andere Fragen noch ihrer einheitlichen Beantwortung harren, und nichts liegt uns ferner, als sie in irgendeinem Sinne zu verharmlosen. Dabei ist uns bewußt, daß die neuerworbenen Erkenntnisse über den Unterschied des genuin Reformatorischen und der später aufkommenden orthodoxen Theologien erheblicher ist, als man lange Zeit meinte. Uns als Schülern der Reformatoren geht es darum, das Gespräch dort wieder anzuknüpfen, wo es im 16. Jahrhundert abgebrochen worden ist, nicht aber darum, den Ausgangspunkt im 17. Jahrhundert zu wählen. Wird das beachtet, dann wird das Verhältnis der Konfessionen sehr viel echter.

Wir sind der Überzeugung, daß die Erkenntnis von diesem Unterschiede bei uns sehr viel klarer und theologischer ist als bei unseren Gegnern, und verabscheuen es, die konfessionelle Frage mit einer politischen zu verquicken, als ob der Unterschied von Luthertum und Calvinismus durch völkische Verschiedenheiten erklärt werden könnte. Aber bei dieser Erkenntnis können wir nicht umhin, jetzt gemeinsam zu reden und gemeinsam zu kämpfen. Denn der Angriff auf die christliche Substanz, wie er von seiten der Deutschen Glaubensbewegung und von seiten der Deutschen Christen erfolgt, liegt restlos außerhalb des Verhältnisses der Konfessionen. Wir vermögen die Deutschen Christen nicht anders zu verstehen denn als die Vorläufer und — gewiß meist ungewollt — Vorkämpfer der Deutschen Glaubensbewegung selbst. Damit wollen wir nicht gesagt haben, daß es unter ihnen nicht Menschen gäbe, die nur aus einem Irrtum heraus sich in der Front der Deutschen Christen befinden; aber so lange sie sich dort befinden, können wir sie nur mit den extremen Gegnern zusammen in einer Front stehend erblicken. Daran ändert auch nichts der kürzlich von den Deutschen Christen eingeschlagene Kurs, solange wir nicht der Überzeugung sind, daß die neuerliche Betonung des lutherischen Bekenntnisses bei den Deutschen Christen aus anderen als aus taktischen Erwägungen erfolgt. Hierfür muß von ihnen der Beweis geliefert werden, indem sie durch sichtbare Zeichen den Willen bekunden, die durch ihre Mitschuld herbeigeführte Zerstörung der Reste evangelischer Kirchen in Deutschland wiedergutmachen zu wollen.

Es erhebt sich die Frage, wie wir uns unsere Bekenntnis- und Arbeitsgemeinschaft in Zukunft denken. Wir können darauf nur antworten, daß wir das nicht wissen und nicht den Mut haben, Gott in sein Weltregiment hineinzupfuschen. Denn wir sehen unsere Bekenntnisgemeinschaft so: Gott hat sie — und nicht wir haben sie herbeigeführt. Denn unsere theologische Entwicklung ging, weit entfernt davon, eine Annäherung der Konfessionen herbeizuführen, vielmehr in der Richtung, daß wir uns unseres Konfessionsstandes von Tag zu Tag mehr bewußt wurden. Darum mag Gott sehen, nachdem er uns diese große und schöne Gemeinschaft gegeben hat, wie es weiter geht. Wir trauen ihm zu, daß er es herrlich hinausführt.

Nachdem es denn vor aller Welt Augen ist, daß Gott uns ein gemeinsames Wort des Glaubens bereits seit langem in den Mund gelegt hat, versuchen wir jetzt auch, diesem gemeinsamen Wort Ausdruck zu verleihen:

> »Wir bekennen uns angesichts der die Kirche verwüstenden und
> damit auch die Einheit der Deutschen Evangelischen Kirche
> sprengenden Irrtümer der Deutschen Christen und der gegenwärtigen Reichskirchenregierung insbesondere zu folgenden evange-

lischen Wahrheiten, die auf Grund der theologischen Voraussetzung der Deutschen Evangelischen Kirche notwendig Geltung beanspruchen und deren Leugnung oder Verkehrung gegen die Heilige Schrift und gegen die Bekenntnisse verstößt.«
Die sechs Sätze, die nun folgen, sind nicht zu verstehen als Verhandlungsbasis mit unseren Gegnern, als könnte noch etwas davon abgemarktet werden, als könnten wir uns von diesen Ausgangspunkten aus auf einer gemeinsamen, mittleren Linie mit unseren Gegnern einigen. Sondern sie sind zu verstehen als conditio sine qua non. Das zu bezeugen, ist uns ein sehr ernstes Anliegen; denn der gegenwärtige Kampf in der Kirche ist wahrlich keine Parteiauseinandersetzung im Sinn der letzten 14 Jahre, sondern es geht hier um die letzten Dinge.

1.

»Jesus spricht: ›Ich bin der Weg und die Wahrheit und das Leben; niemand kommt zum Vater denn durch mich.‹ (Joh. 14,6)
»Wahrlich, wahrlich ich sage euch: Wer nicht zur Tür hineingeht in den Schafstall, sondern steigt anderswo hinein, der ist ein Dieb und ein Mörder. Ich bin die Tür; so jemand durch mich eingeht, der wird selig werden.‹ (Joh. 10,1+9)«
Jeder unserer Sätze beginnt mit einer Schriftstelle, in welcher nach unserer Überzeugung eine ganze Reihe von Schriftstellen zusammengefaßt sind, die Gehorsam heischend vor uns treten und zeigen, daß es uns nicht um programmatische Forderungen geht, über die man allenfalls reden kann, sondern daß wir auf Leben und Seligkeit hin gerufen sind. Wir stehen an einem Ort der Kirchengeschichte, an welchem nach unserer Überzeugung versucht wird, an einer anderen Stelle in den Schafstall einzusteigen als durch die Tür. Wir stehen an einem Punkt der Kirchengeschichte, an dem jedem, dem Gott Glauben gegeben hat, einsichtig geworden sein muß, daß es um die Rettung und das Seligwerden von Sündern geht. Mag die Frage der Art des Einsatzes der Kirche im Dritten Reich eine dringende Frage sein, so wissen wir, daß es für die Kirche noch viel dringlicher ist, ob ihre Diener wirklich durch die Tür in den Schafstall gehen.
Uns ist für die heutige Zeit dieses Verständnis der Bibelstelle gegeben:
»Jesus Christus, wie er uns in der Heiligen Schrift bezeugt wird, ist das eine Wort Gottes, das wir zu hören, dem wir im Leben und im Sterben zu vertrauen und zu gehorchen haben.«
Dieser Absatz besagt, daß es die Aufgabe ist, und zwar die einzige und vordringliche Aufgabe der Kirche, Jesus Christus zu predigen. Es ist nur durch einen Irrtum möglich, ihn als Idee zu predigen, die in der Geschichte mehr oder weniger verwirklicht wird. Wäre es so,

dann wäre die Deutung einer gegenwärtigen Geschichte und die Verkündung von Jesus Christus ein und dasselbe. Vielmehr ist es so, daß Jesus Christus nicht verwirklichte Idee, sondern ins Fleisch gekommener Gott ist, der sich erniedrigt hat, um uns von den Versuchen der Selbsterhöhung und der Selbstüberhöhung zu erlösen, der noch heute zu uns kommt in seinem Wort als der einmal Erniedrigte. Denn er selbst ist das Wort, das von Anfang war, das in der Zeit erschienen ist und das uns offenbar wird bei der Predigt, die in der Gemeinde geschieht. Daraus folgt aber, daß in der Gemeinde nur er gehört werden soll. Alles Vertrauen und aller Gehorsam, der im Leben und Sterben getätigt wird, darf nur Vertrauen und Gehorsam ihm gegenüber sein. Wo er im Leben oder Sterben einen Grund schenkt, ist dieser Grund so viel fester als alle anderen, die man nennen möchte, daß diese anderen Grundlagen im Leben oder Sterben schlechthin nicht wert sind, neben ihm genannt zu werden. Wo ein Anspruch von ihm her uns im Leben oder Sterben trifft, ist dieser Anspruch so dringlich, daß alle anderen noch so ernsten Ansprüche in diesem Augenblick als Gehorsamsforderung hinfällig sind, wo er Gehorsam von uns erheischt.

Eben dieses wird heute von denen bestritten, die sich fälschlicherweise auch Kirche nennen.

> »Wir verwerfen die falsche Lehre, als könne und müsse die Kirche außer und neben diesem einen Worte Gottes auch noch andere Ereignisse und Mächte, Gestalten und Wahrheiten als Gottes Offenbarung hören, anerkennen und verkündigen.«

Wir dürfen um unseres Herrn Jesu Christi willen nicht müde werden, immer wieder zu betonen, daß es falsche Lehre ist, wenn man neben die Bindung an das in Christo fleischgewordene Wort und das in ihm gepredigte Wort noch andere Bindungen für die Kirche stellt. Das geschieht heute. Man ist dauernd und nachhaltig an die Kirche und an ihre Glieder mit dem Anspruch herangetreten, die Ereignisse des Jahres 1933 als bindend für Verkündigung und Schriftauslegung, als Gehorsam heischend neben der Heiligen Schrift und über ihren Anspruch hinaus anzuerkennen. Wenn wir dagegen protestieren, dann protestieren wir nicht als Volksglieder gegen die jüngste Geschichte des Volkes, nicht als Staatsbürger gegen den neuen Staat, nicht als Untertanen gegen die Obrigkeit, sondern wir erheben Protest gegen dieselbe Erscheinung, die seit mehr als 200 Jahren die Verwüstung der Kirche schon langsam vorbereitet hat. Denn es ist nur ein relativer Unterschied, ob man neben der Heiligen Schrift in der Kirche geschichtliche Ereignisse oder aber die Vernunft, die Kultur, das ästhetische Empfinden, den Fortschritt oder andere Mächte und Größen als bindende Ansprüche an die Kirche nennt. Alle diese Größen können die Verkündigung von Christus nicht begrenzen, sie können auch nicht neben Christus als Gegenstände der Verkündigung treten, sie können vielmehr in der Verkündigung keinen anderen Raum haben als diesen: Sie sind verschiedene Malzeichen der einen und im Grunde unveränderten Welt, die in Christus, aber nur in Christus, Erlösung finden kann.

2.

Wir wissen uns gerufen, gerade heute zu sagen, worin das Werk Christi für uns, an uns und in uns besteht. Wir müssen diesem Ruf folgen, damit wir als Lehrer, Diener und Glieder der Kirche die Menschen, soweit möglich, vor einer Verwechselung des Werkes Christi mit anderen Werken bewahren. Das Werk Christi ist zusammenfassend ausgedrückt in den Worten der Schrift:

> »›Jesus Christus ist uns gemacht von Gott zur Weisheit und zur Gerechtigkeit und zur Heiligung und zur Erlösung.‹ (1. Kor. 1,30.)«

Dieses Bibelwort faßt die Botschaft der Heiligen Schrift so zusammen, daß offenbar wird: Das Werk Christi ist nicht eine Teilerscheinung in einem in sich selbst ablaufenden Erlösungsprozeß der Menschen, es ist auch in keinem Sinne Fundament für ein von Menschen zu leistendes Werk, sondern es ist als sein, und nur als sein Werk umfassend. Es begreift in sich alles, was Gott zur Behebung menschlichen Elends getan hat, tut und tun wird. Es leidet keinerlei Ergänzung und Unterstützung von seiten sündiger, ungläubiger oder gläubiger Menschen. Es ist allgenugsam und erträgt darum auch keinerlei Zerteilung und Zerspaltung.

Wir glauben, diesem Bibelwort heute folgende Auslegung geben zu müssen:

> »Wie Jesus Christus Gottes Zuspruch der Vergebung aller unserer Sünden ist, so und mit gleichem Ernst ist er auch Gottes kräftiger Anspruch auf unser ganzes Leben; durch ihn widerfährt uns frohe Befreiung aus den gottlosen Bindungen dieser Welt zu freiem, dankbarem Dienst an seinen Geschöpfen.«

Wir versuchen also, dem umfassenden Charakter des Werkes Christi dahin Ausdruck zu verleihen, daß er uns nicht nur aus der Sünde in den Stand der Gnade versetzt, um uns dann uns selbst zu überlassen, sondern daß er vielmehr uns darum aus Gottlosigkeit und Sünde erlöst, damit wir sein eigen seien und *unter* ihm leben, so daß seine Gegenwart in dem von ihm geschenkten Leben als richtender und uns rettender Anspruch dauernd an uns herantritt, aber zugleich uns frohe Befreiung aus den gottlosen Bindungen dieser Welt bedeutet, so daß wir ihm frei und dankbar an seinen Geschöpfen dienen.

Denn nicht darum lehnen wir es ab, daß neben ihn und sein Wort in der Heiligen Schrift noch andere Offenbarungsquellen treten, weil wir uns etwa gerufen wüßten, eine bestimmte theologische Erkenntnistheorie durchzufechten. Vielmehr geschieht unser Protest gegen andere Offenbarungsquellen in der Erkenntnis, daß der Anspruch solcher anderen Quellen ein Anspruch göttlicher Bindung und damit eine Leugnung der in Christo uns widerfahrenen Weisheit, Gerechtigkeit, Heiligung und Erlösung ist.

Wer uns vorwirft, daß unsere Verkündigung kein Verständnis für die göttliche Schöpfung und das göttliche Weltregiment habe, der macht uns diese Vorwürfe aus Unverstand oder aus Böswilligkeit. Wir erfahren die Schönheit der Kreaturen Gottes und ihre Dämonie, wir erfahren Höhepunkte und Tiefstände in der unter Gottes Weltregiment sich vollziehenden Geschichte genau so wie andere Leute. Was wir aber fürchten mehr als den Tod, ist die Tatsache, daß die Kreaturen Gottes und Geschehnisse der Geschichte uns in Versuchung führen, wie sie im Lauf der Geschichte alle Menschen in Versuchung geführt haben. Diese wurden zu Heiden, wenn sie der Versuchung unterlagen, aus ihnen und in ihnen Gott *ohne Christus* zu suchen. Wo immer das geschieht, ob unter heidnischen oder christlichen Bezeichnungen, vollzieht sich eigene Weisheit, eigene Gerechtigkeit, eigene Heiligung, eigene Erlösung. Es gewinnen andere Herren als Jesus Christus, andere Gebote als seine Gebote über uns Gewalt. Sie bieten sich uns an als Erlöser, aber sie erweisen sich als Folterknechte einer unerlösten Welt. Darum ermahnen wir alle Christen, sich mit äußerstem Fleiß vor der Irrlehre zu hüten, als könne man Rechtfertigung und Heiligung auseinanderreißen. Wir warnen alle vor dem Mißbrauch des göttlichen Angebotes, in welchem man Zuspruch der Sündenvergebung will, aber Gottes Anspruch auf Grund der Sündenvergebung verweigert. Diese Erkenntnisse fassen wir so zusammen:

> »Wir verwerfen die falsche Lehre, als gäbe es Gebiete unseres Lebens, auf denen wir nicht Jesus Christus, sondern Herren außer ihm gehören, nicht seinem, sondern einem von ihm unabhängigen Gebot verantwortlich wären.«

Nun ist uns sehr wohl bekannt, daß solche Erkenntnis und solcher Glaube nur der christlichen Kirche gegeben ist, und also auch nur von ihr und ihren Gliedern, vor allem von ihren Dienern verlangt werden kann. Darum würden wir auch in einem anderen Ton sprechen und sprechen müssen, wenn wir zu der Welt sprächen, die keinen Wert darauf legt, Kirche zu sein. Wir sprechen aber zu *der* Welt, die den Anspruch erhebt, Kirche zu sein, und *den* Christen, die sich dieser Welt verbündet haben. Um diese zu locken und zurückzurufen, müssen wir sie, in deutlicher Absetzung zu ihnen, bekämpfen. Würden wir zu der Welt reden, die nicht Kirche sein will, so würden wir sie damit, daß wir sie locken, bekämpfen.

3.

Aus diesem Grunde haben wir auch an die Brüder und Schwestern, die mit uns in der Bekenntnisgemeinschaft zusammen sind, keine dringlichere Mahnung als diese, daß sie recht Kirche seien und als Glieder der Kirche in Bewußtheit kämpfen. Wir finden, daß diese biblische Mahnung ihren zusammenfassenden Ausdruck findet in Eph. 4,15.16:

>»Lasset uns aber rechtschaffen sein in der Liebe und wachsen in allen Stücken an dem, der das Haupt ist, Christus, von welchem aus der ganze Leib zusammengefügt ist.‹ (Eph. 4,15—16)«

Wenn der Apostel so spricht, so redet er nicht von einer moralischen Rechtschaffenheit oder einer dem Blut entwachsenen Liebe. Täte er das, dann würde er von einer menschlichen Gesellschaftsform, aber nicht von der Kirche reden. Denn die Kirche wird nicht aus bürgerlicher Rechtschaffenheit und blutmäßiger Liebe, sondern sie wird aus Christi Gerechtigkeit und Christi Liebe. So allein kann sie etwas anderes sein als Größe innerhalb der menschlichen Gesellschaft und als soziologische Größe; so allein kann sie in rechtschaffener Liebe zusammengefügter Leib sein, an welchem Christus das Haupt ist. Würden wir von der Kirche nicht glauben, daß sie etwas anderes ist als menschliche Gesellschaftsform, so würden wir den ganzen von uns geführten Kirchenkampf als unberechtigt, ja als verbrecherisch halten. So aber glauben wir von der Kirche dies gemeinsam bekennen zu müssen:

>»Die christliche Kirche ist die Gemeinde von Brüdern, in der Jesus Christus als der Herr verkündigt wird. Sie hat mit ihrem Glauben wie mit ihrem Gehorsam, mit ihrer Botschaft wie mit ihrer Ordnung mitten in der Welt der Sünde und selber als die Kirche der Sünder zu bezeugen, daß sie allein sein Eigentum ist, allein von seinem Trost und von seiner Weisung und in Erwartung seiner Erscheinung lebt und leben möchte.«

Wenn in der Gemeinschaft der Brüder, die nicht aus Geburt, sondern aus Wiedergeburt Brüder sind, Jesus Christus als der Herr verkündigt wird, so geschieht etwas grundsätzlich anderes, als wenn eine weltanschauliche oder kulturelle Gemeinschaft sich die Pflege ihrer Überzeugungen angelegen sein läßt. Denn in der Verkündigung Jesu Christi als des Herrn geschieht es, daß die in der Kirche Zusammengefaßten neue Schöpfung werden, wie Christus spricht: »Ihr seid rein um des Wortes willen, das ich zu euch geredet habe.« Darum ist es wesentlich, daß die Kirche mit ihrem Wort bezeuge und durch die Art ihres Daseins ein aufgerichtetes Zeichen sei, daß sie nur Kirche ist als Eigentum Jesu Christi, daß sie nur leben kann von seinem Trost und seiner Weisung. Sie bezeugt, in diesem Trost und in dieser Weisung so reich geworden zu sein, daß sie auch nicht mehr anders leben möchte. In dieser Weise ist die Kirche Missionarin der Welt, indem sie unter allen menschlichen Gesellschaftsformen als besonderes Zeichen in die Augen fällt, und in ihrer Verkündigung deutet, warum es so und nicht anders mit ihr bestellt ist. Das gilt von der Kirche unbeschadet der Tatsache, daß sie für die Gemeinschaft der Brüder, die im Worte rein geworden sind, dennoch zugleich eine Gemeinschaft der Sünder ist, aus demselben Blut und von derselben Herkunft wie die Kinder der Welt. Wie könnte sie sonst Mission treiben, wenn sie nicht in Wort und Wandel bezeichnete, daß gerade so unvollkommene, so verlorene, so gottlose Menschen wie die Glieder der Kirche zu dem werden und das sein können, was sie als Glieder der Kirche sind: im Worte durch das Blut Jesu Christi gereinigte Gotteskinder.

Diese Botschaft und diese Existenz werden aber der Kirche unmöglich gemacht in dem Augenblick, wo man die Grenze zwischen ihr und der Welt verwischt. Das geschieht immer dann, wenn das freie Belieben der Sünder und nicht mehr das unwandelbare Wort Gottes von der Vergebung in Christo die Kirche beherrscht. Wir verstehen sehr wohl, daß man die Wünsche unserer Zeitgenossen und den Wechsel ihrer Überzeugung als kirchenbildende Macht in den Raum der Kirche hineinbeziehen möchte. Man möchte der Welt deutlich machen, daß es in ihrem eigenen Interesse liegt, kirchlich und christlich zu sein, um auf diese Weise die Welt zu missionieren. Aber gerade dagegen müssen wir protestieren. Denn so wenig wie die Untertanen sich damit bei der Obrigkeit beliebt machen können und dürfen, daß sie obrigkeitliche Allüren annehmen, so wenig der Lehrer ein guter Lehrer wird dadurch, daß er mit den Schülern gemeinsame Sache macht, so wenig wird die Kirche dadurch missionstüchtig, daß sie sich mit der Welt, welche durch sie missioniert werden soll, auf eine Ebene stellt. Es muß jeder sich selbst treu bleiben, sonst kann er seinem Nächsten nicht dienen. Es muß die Kirche Kirche bleiben, sonst kann sie nicht missionarisch wirken.

4.

Darum muß auch die Gestaltung der Kirche ihrem innersten Wesen entsprechen. Unser Herr Christus spricht:

>»›Ihr wisset, daß die weltlichen Fürsten herrschen, und die Oberherren haben Gewalt. So soll es nicht sein unter euch; sondern, so jemand will unter euch gewaltig sein, der sei euer Diener.‹ (Matth. 20,25.26.)«

Christus wendet sich nicht dagegen, daß im Raume der Welt die Fürsten herrschen und die Oberherren Gewalt haben. Auch uns ist es eine ernste Sorge, daß wir diesem Rechte der Welt Rechnung tragen. Aber ebenso ernst möchten wir als Lehrer, Diener und Glieder der

Kirche gerade in diesem Punkte uns nach dem Wort des Herrn von den weltlichen Fürsten und Oberherren unterschieden wissen. »So soll es unter euch nicht sein.« Mit diesem Wort zeigt Christus klar und deutlich, daß die christliche Gemeinde nur als Umkehrung der Welt Bestand hat und nur dann ihrer Verpflichtung nachkommt, wenn sie diese Umkehrung des weltlichen Schemas auch zum Ausdruck bringt. Im Blick auf die Gestaltung der Kirche verstehen wir das angezogene Wort des Herrn so:

»Die verschiedenen Ämter in der Kirche begründen keine Herrschaft der einen über die anderen, sondern die Ausübung des der ganzen Gemeinde anvertrauten und befohlenen Dienstes.«

Auch in der Kirche gibt es ein Unten und Oben, ein Geführtwerden und ein Führen. Pfarrer und Gemeinden sind gehalten, ihrer rechtmäßigen kirchlichen Obrigkeit zur rechten Zeit die Kollekten und Steuernachweise einzuliefern, die Statistiken aufzustellen, die Ordnung der Kirche bei Wahlen und im Gottesdienst aufrechtzuerhalten. Aber wehe der Kirche, wenn dieses Obrigkeitsverhältnis zum Wesen der Kirche wird. Schon einmal in der Geschichte der christlichen Kirche ist es dazu geworden: im Papsttum des Mittelalters. Zum zweiten Male wird es heute so. Denn die in der Kirche zur Herrschaft gekommene Führeridee beschränkt sich gerade nicht auf Kollektennachweisung, Steuereintreibung, Statistiken und äußere Ordnung des kirchlichen Lebens, sondern sie bestimmt gewisse inhaltliche Bedingungen, ohne deren Erfüllung es nach ihrer Meinung weder geistliches Amt noch Presbyterium, noch Kirchenvorstand, noch Stimme der Gesamtgemeinde in der Synode geben soll. So wird aus dem anvertrauten und befohlenen Dienst eine selbstgewählte und usurpatorisch an sich gerissene Herrschaft. Aus dem: »So soll es unter euch nicht sein« wird ein: »Noch schlimmer soll es unter euch sein«.

Auf Grund der neutestamentlichen Verkündigung erkennen wir also die Möglichkeit und die Notwendigkeit verschiedener Ämter in der Gemeinde an. Wir wissen auf Grund des Befundes im Neuen Testament, daß für die Art und die Zahl der verschiedenen Ämter keine endgültige und überall einzuführende Ordnung besteht. Wir meinen, daß in der christlichen Gemeinde eine bischöfliche Verfassung und eine presbyteriale Verfassung sein *kann*. Wir sind aber auch überzeugt, daß in der christlichen Gemeinde sowohl unter der bischöflichen Verfassung als auch unter der presbyterialen Verfassung der Teufel zur Herrschaft kommen kann. Keine der möglichen Verfassungen garantiert christlichen Brauch und christliches Leben. Vielmehr sollen Verfassungen der Kirche der Versuch sein, ein Zeichen aufzurichten, welches der Welt deutlich macht, was der Herr sagt: »So soll es unter euch nicht sein«. Präses und Bischof, Bischof und Präses, Pastor und Diakon, Diakon und Pastor sind in umgekehrtem Verhältnis zu ihrem Rang die untersten Diener der Gemeinde. Die entscheidenden Vorgänge aber vollziehen sich außerhalb dieser Rangordnung überall da und dann, wo und wann Gott durch sein Wort und sein Sakrament Menschen aus dem Tode zum Leben, aus dem Reich der Finsternis in das Reich des lieben Sohnes Gottes durch seine machtvolle Hand versetzt.

Damit ist bereits ausgelegt, was wir mit dem zweiten Absatz meinen, der so lautet:

»Wir verwerfen die falsche Lehre, als könne und dürfe sich die Kirche abseits von diesem Dienst besondere, mit Herrschaftsbefugnissen ausgestattete ›Führer‹ geben oder geben lassen nach dem Vorbild bestimmter Staatsformen.«

5.

Aus dem Gesagten wird aber auch jeder ehrlich denkende Mensch sehen, wie wir zu Staat und Volk stehen. Damit wir aber den Lügnern auch das Maul stopfen, lassen wir noch einmal die Stimme der Heiligen Schrift laut werden, welche spricht:

»›Fürchtet Gott, ehret den König!‹ (1. Petr. 2,17.)«

Dazu ist nur zu bemerken: Wenn wir auch aus keiner anderen Erwägung heraus uns mit ganzem Ernst bemühten, gute Staatsbürger zu sein, so soll doch alle Welt wissen, daß uns dieses *eine* Wort der Schrift fester bindet und hält, als tausend Eide und irdische Bindungen uns halten könnten. Oft genug schon haben wir zum Ausdruck gebracht, daß man nur im Unrecht gegen Zeit und Ewigkeit uns als Rebellen verdächtigt, offenbar mit dem stillen Wunsche, uns dadurch auch kirchlich unmöglich zu machen. Um aber noch einmal bindend und eindeutig unsere auf die Schrift gegründete Überzeugung auszusprechen, fassen wir die aus der ganzen Heiligen Schrift gewonnene Auslegung unseres Bibelwortes so zusammen:

»Die Schrift sagt uns, daß der Staat nach göttlicher Ordnung die Aufgabe hat, in der noch nicht erlösten Welt, der auch die Kirche angehört, nach dem Maß menschlicher Einsicht und menschlichen Vermögens unter Androhung und Ausübung von Gewalt für Recht und Sicherheit zu sorgen. Die Kirche, frei in der Bindung an ihren Auftrag, begleitet mit Dank und Ehrfurcht gegen Gott den in der Bindung an seinen Auftrag ebenso freien Staat mit ihrer Fürbitte, aber auch mit der Erinnerung an Gottes ewiges Reich, an Gottes Gebot und Gerechtigkeit.«

Damit ist ausgesprochen, daß wir Glieder der Bekenntnisfront im Gehorsam und in der Treue gegen Volk und Staat durch ein göttliches Gebot gehalten sind. Nur deshalb, weil man nicht mit uns die Heilige Schrift ernst nimmt, kann die ewig neue Verdächtigung gegen uns ausgesprochen werden. Sonst müßte man und würde es uns unterstellen, daß es keine stärkere Bindung für uns geben kann als die, die bei uns mit Gottes Hilfe bereits vorhanden ist. Die ewig neuen Verdächtigungen machen sichtbar, daß die Heilige Schrift bei unseren Gegnern nicht das Ansehen hat wie bei uns, und daß man vom Staate mehr erwartet, als ihm die Schrift für seinen Bereich zuschreibt.

Beide, Staat und Kirche, sind Gebundene, diese im Bereich des Evangeliums, jener im Bereich des Gesetzes. Ihre Bindung bezeichnet den Raum ihrer Freiheit. Jede Überschreitung der Bindung führt sowohl die Kirche wie auch den Staat in eine ihrem Wesen fremde Knechtung. Allein aus der jeder der beiden Größen eigenen Bindung erwachsen ihr Dienst und ihre Aufgaben aneinander. Verkündigt der Staat ein ewiges Reich, ein ewiges Gesetz und eine ewige Gerechtigkeit, dann verdirbt er sich selbst und mit sich sein Volk. Verkündigt die Kirche ein staatliches Reich, ein irdisches Gesetz und die Gerechtigkeit einer menschlichen Gesellschaftsform, dann überschreitet sie ihre Grenzen und reißt den Staat in ihre eigene Versumpfung mit sich hinab.

Das meinen wir, wenn wir in Abweisung falscher Lehre sagen:

>»Wir verwerfen die falsche Lehre, als könne ein Staat die einzige und ›totale‹ Ordnung menschlichen Lebens werden. Wir verwerfen die falsche Lehre, als habe sich die Kirche mit ihrer Botschaft oder auch nur mit ihrer Gestalt einer bestimmten Staatsform anzugleichen.«

Wir glauben, nichts zu tun als unsere Pflicht vor Gott, dem allein Weisen und allein Gerechten, wenn wir in Abwehr deutsch-christlicher Irrtümer darauf aufmerksam machen, daß auch die Staatsweisheit in unserer gegenwärtigen Staatsform, über die wir uns sonst kein Urteil erlauben, nicht Gottes Weisheit, daß auch das Maß der Gerechtigkeit, welches in unserem Staatswesen herrscht, nicht das Maß göttlicher Gerechtigkeit ist. Und ein für allemal müssen wir es betonen, daß wir kein irdisches Gesetz kennen, durch welches mit Recht göttliches Gesetz gebrochen werden könnte. »Totaler Staat«, das kann nur heißen: ein Staat, der sich bemüht, *innerhalb* der von Gott gesetzten Grenzen das gesamte Leben des Volkes zu umfassen. Wollen die Deutschen Christen eine Umfassung über diese Grenze hinaus, dann verleugnen sie die Realität und die Aktualität des göttlichen Gebotes.

6.

Wir geben abschließend Zeugnis davon, warum uns die Kirche so groß ist, trotz ihrer vielleicht äußerlich geringen Gestalt, daß wir immer wieder ihre Einzigartigkeit und ihre Uneinholbarkeit betonen. Dieses Zeugnis ist beschlossen in den Worten der Schrift:

> »›Siehe, ich bin bei euch alle Tage bis an der Welt Ende.‹ (Matth. 28,20.)
>
> ›Gottes Wort ist nicht gebunden.‹ (2. Tim. 2,9.)«

Es gibt kein Staatswesen, es gibt auch kein Volk, für welche das Wort Gültigkeit hätte, daß Christus bei ihnen wäre bis an der Welt Ende. Aus diesem Grunde gibt es auch keine Politik, auch keine Kirchenpolitik, die nicht unter das Wort der Schrift fällt: »Alles Fleisch ist wie Gras«. Jede politische Rede ist den Machtmitteln dieser Erde mit Recht ausgesetzt. Das Wort Gottes kann nicht gebunden werden, weil Er bei uns ist bis an der Welt Ende. In dem einen besteht das andere.

Daraus und daraus allein ergibt sich das der Kirche Eigentümliche, was wir zur Geltung bringen müssen:

> »Der Auftrag der Kirche, in welchem ihre Freiheit gründet, besteht darin, an Christi Statt und also im Dienst seines eigenen Wortes und Werkes durch Predigt und Sakrament die Botschaft von der freien Gnade Gottes auszurichten an alles Volk.«

Wenn wir um die Freiheit des kirchlichen Auftrages kämpfen, dann meinen wir grundsätzlich etwas anderes, als das, was die vergangene Zeit meinte, wenn sie von der Freiheit des Menschen sprach. Wenn wir betonen, daß die Gemeinde nicht mundtot gemacht werden könne, dann bringen wir damit kein demokratisches Prinzip zur Geltung. Wenn wir zum Ausdruck bringen, daß der einzige Rahmen, innerhalb dessen zu stehen von dem Verkündiger gefordert werden kann, der Rahmen der Heiligen Schrift in der Gemäßheit des Bekenntnisses dieser Kirche ist, so meinen wir damit nicht, daß dem Verkündiger neben anderen Staatsbürgern ein Sonderrecht zukäme. Alle diese Anliegen sind nichts als der Ausdruck unseres Glaubens, daß in der Gemeinschaft von Brüdern, von der wir oben gesprochen haben, die man Kirche heißt, Christus nicht nur als Idee, sondern als der lebendige Herr, nicht nur in unerreichbarer Ferne, sondern mitten unter uns lebt, wirkt und regiert, wie die Schrift spricht: »Das Wort Gottes ist dir nahe, in deinem Munde und in deinem Herzen«. Und eine andere Schrift spricht: »Sie werden alle von Gott gelehrt sein«. Es ist dringliche Aufgabe der Kirche, durch sichtbare Zeichen zum Ausdruck zu bringen, daß die Belehrung durch den Heiligen Geist und daß die Gegenwart Christi nicht erstrebenswerte Ideale der Kirche, sondern geschenkte *Ausgangspunkte* ihres Handelns sind in Wort und Werk.

So und so allein ist es zu verstehen, wenn wir die falsche Lehre verwerfen, als könne

> »die Kirche in menschlicher Selbstherrlichkeit das Wort und

Werk des Herrn in den Dienst irgendwelcher eigenmächtig gewählter Wünsche, Zwecke und Pläne stellen.«

Wenn wir im Laufe des letzten Jahres und jetzt erneut immer wieder zum Ausdruck gebracht haben, daß die Verkündigung der Kirche nicht der menschlichen Selbstherrlichkeit zum Dienst bereitgestellt werden dürfte und nicht menschlich gewählten Wünschen, Zwecken und Plänen unterstellt werden kann, so sagen wir nicht, daß diese Wünsche, Zwecke und Pläne nicht innerhalb der menschlichen Einsicht und des menschlichen Vermögens gut und wünschenswert seien; aber wir sind dessen eingedenk, daß dieses Urteil, sie seien gut und wünschenswert, menschliches Urteil ist. Wir überlassen es aber Gott, am Jüngsten Tage darüber zu entscheiden, ob diese Pläne und Wünsche auch göttlich erstrebenswert sind. Aus diesem Grunde können wir es nicht dulden, daß die Verkündigung in ihren Dienst gestellt wird, weil das soviel bedeuten würde, wie wenn die Gegenwart Christi und die Ungebundenheit des Wortes durch den Heiligen Geist in diesen menschlichen Plänen und Wünschen ebenso wirksam wäre wie in dem in der Gemeinde gepredigten Wort und dem in der Gemeinde gespendeten Sakrament.

Zusammenfassend beurteilt die Bekenntnissynode der Deutschen Evangelischen Kirche diese sechs Punkte wie folgt:

»Die Bekenntnis-Synode der Deutschen Evangelischen Kirche erklärt, daß sie in der Anerkennung dieser Wahrheiten und in der Verwerfung dieser Irrtümer die unumgängliche theologische Bedingung der Einheit und damit des Bestehens der Deutschen Evangelischen Kirche sieht. Sie fordert alle, die sich ihrer Erklärung anschließen können, auf, bei ihren kirchenpolitischen Entscheidungen dieser theologischen Erkenntnisse eingedenk zu sein. Sie bittet alle, die es angeht, in die Einheit des Glaubens, der Liebe und der Hoffnung zurückzukehren.«

Das bedeutet also, wie schon oben erwähnt, daß diese Punkte nicht ein Programm zur Geltung bringen, sondern vielmehr Äußerungen eines von Gott geschenkten Glaubens sind, über den man eben darum nicht verhandeln kann, weil er von Gott geschenkt ist. Es bedeutet, daß die Bekenntnissynode der Deutschen Evangelischen Kirche dieser Sache so gewiß ist, daß sie andere mit in diese Verantwortung hineinzuziehen wagt. Es bedeutet im Hinblick auf die Deutschen Christen, insonderheit auf ihre neuerdings angewendete Taktik, die Notwendigkeit des lutherischen Bekenntnisses zu bezeugen, daß wir um der Wahrheit willen diese Bezeugung nicht als Wiedergutmachung und damit als Erledigung unserer Beschwerdepunkte ansehen können. Nicht aus Hochmut, sondern aus ernsten Bedenken heraus müssen wir bezeugen: Wir wollten gern mit ihnen einig sein, aber der Preis dieser Einigkeit wäre das von den Deutschen Christen deutlich ausgesprochene Bekenntnis, daß sie ihre bisherige Lehre und Praxis als kirchenzerstörend anerkennen und ihre Bereitschaft bekunden, nach anderen Grundsätzen und in anderer Ordnung zukünftig Kirche zu bauen, als sie das bisher versucht haben. Denn wir sind ja nicht frei, zu tun und zu lassen, was wir möchten. Uns liegt Frieden und Gemütlichkeit mehr als Kampf und Risiko. Wir sind aber gebunden durch den unaufhebbaren Tatbestand:

»Verbum Dei manet in aeternum.«

3

Beschlußfassung zur Theologischen Erklärung

1. Synode erkennt die Theologische Erklärung zur gegenwärtigen Lage der Deutschen Evangelischen Kirche im Zusammenhang mit dem Vortrag von Pastor Asmussen als christliches, biblisch-reformatorisches Zeugnis an und nimmt sie auf ihre Verantwortung.

2. Synode übergibt diese Erklärung den Bekenntniskonventen zur Erarbeitung verantwortlicher Auslegung von ihren Bekenntnissen aus.

Weitere Beschlüsse
der Bekenntnissynode in Barmen

Einführung

Wenn von »Barmen 1934« oder exakter: von der »Bekenntnissynode der Deutschen Evangelischen Kirche in Barmen« die Rede ist, dann ist in der Regel die »Theologische Erklärung« im Blick. Unzweifelhaft ist sie die theologisch herausragende und kirchlich prägende Verlautbarung der ersten Bekenntnissynode. Von ihrem theologischen Ansatz her sind auch die weiteren Beschlüsse zu verstehen, die auf der Synode in Barmen gleichfalls noch beraten und beschlossen wurden und die in der Praxis kirchlicher Arbeit bis heute nachwirken. Zu ihrer Vorbereitung waren zwei Ausschüsse eingesetzt worden, der »Rechtsausschuß« und der »Ausschuß für praktische Arbeit«. Auch für sie war die Zeit bis zur Synode knapp, und es hat wohl keinen Austausch mit denen gegeben, die an der »Theologischen Erklärung« arbeiteten. Um so bemerkenswerter ist, daß alle Barmer Beschlüsse in der Grundhaltung, wie sie in der Theologischen Erklärung ihren besonderen Ausdruck gefunden hat, von vornherein übereinstimmen. Das zeigt, daß die Auseinandersetzungen seit 1933 einerseits die Fronten geklärt und andererseits landeskirchlich und konfessionell unterschiedliche Gruppen in dem Willen zusammengeführt hatten, den Auftrag ihres Herren besser als bisher zu erfüllen.

Die bekenntnistreuen Gemeinden und Kirchen wußten nicht nur, wogegen sie waren. Sie wollten auch in der Not und Verwirrung, die die Deutschen Christen über die Kirche gebracht hatten, ihren Glauben in aller Öffentlichkeit vernehmlich bekennen und im Leben der Gemeinden bezeugen.

Im folgenden dokumentieren wir drei von diesen weiteren Beschlüssen der Barmer Synode.

Das Wort »*An die Evangelischen Gemeinden und Christen in Deutschland*« lud diese ein, den Weg der Bekenntnissynode mitzugehen. Für die Bekennende Kirche war es entscheidend, daß die Gemeinden aufnahmen, was die 139 Synodalen in Barmen gemeinsam und stellvertretend für die Gemeinden gesagt hatten. Doch stand hinter diesem Aufruf nicht eine Überlegung kirchenpolitischen Taktierens. Die Gemeinden selbst zu Entscheidungen aufzurufen, entsprang der Grundauffassung dieser Synode, die es als eine ihrer Aufgaben ansah, dafür zu sorgen, daß die »Gemeinde als Trägerin der Wortverkündigung den ihr gebührenden Platz« in der Verfassung der Kirche behielt.

Am Anfang des Aufrufs steht der Dank gegen Gott für das gemeinsame Wort aus dem Munde lutherischer, reformierter und unierter Christen zur Not und Anfechtung der Kirche; ihm folgt die Beteuerung, weder eine neue Kirche gründen noch eine Union schaffen zu wollen. Die Glieder der Bekennenden Kirche standen zu der durch die Verfassung vom 14.7.33 geschaffenen Einheit einer Deutschen Evangelischen Kirche. Sie stritten aber gegen den Versuch des Reichsbischofs und seiner Helfer, durch unrechtmäßiges und bekenntniswidriges Vorgehen eine zentral und machtvoll nach dem Führerprinzip gelenkte Einheitskirche zu schaffen, wodurch die Verfassung von 1933 praktisch außer Kraft gesetzt wurde. Sie wollten auch nicht als Rebellen gegen den Staat gelten. Sie fühlten sich »im Gehorsam und in der Treue gegen Volk und Staat durch ein göttliches Gebot gehalten«; so hatte Asmussen es in seinem Vortrag vor der Synode noch einmal unterstrichen. Aber sie begnügten sich nicht mit der Rechtfertigung ihres Tuns. Sondern ihr Verständnis von der Leitung der Kirche als »Ausübung des der ganzen Gemeinde anvertrauten und befohlenen Dienstes« ließ sie darüber hinaus die Gemeinden dazu drängen, ihre ureigene Verantwortung wahrzunehmen. In Anlehnung an die biblischen Worte: »Ihr Lieben, glaubt nicht jedem Geist, sondern prüfet die Geister, ob sie von Gott sind; denn es sind viele falsche Propheten in die Welt gekommen« (1.Joh. 4,1), wurden die Gemeinden aufgefordert, auch die Worte der Bekenntnissynode zu prüfen und sich dann gegen oder für sie zu entscheiden.

Mit der »*Erklärung zur Rechtslage der Bekenntnissynode der Deutschen Evangelischen Kirche*« hat die Barmer Synode nicht nur die eigene Rechtslage zu klären gesucht, sondern einen Maßstab für kirchliche Verfassungen und Ordnungen gesetzt. In Übereinstimmung mit der »Theologischen Erklärung«, nach der die Kirche mit ihrer Botschaft wie mit ihrer Ordnung zu bezeugen hat, daß sie allein Jesu Christi Eigentum ist, sagt die »Erklärung zur Rechtslage«: »In der Kirche ist eine Scheidung der äußeren Ordnung vom Bekenntnis nicht möglich«, und sie stellt den Grundsatz auf, daß die äußere kirchliche Ordnung sich immer vor dem Bekenntnis der Kirche zu rechtfertigen hat. Aus dieser Einsicht heraus verwarf die Synode die Einführung des Führerprinzips in der Kirche, bestritt sie dem deutsch-christlichen Reichskirchenregiment den Anspruch, rechtmäßige Leitung der Deutschen Evangelischen Kirche zu sein, und sah sie ihre Aufgabe darin, die Bekennenden Gemeinden zu sammeln und zu vertreten.

Damit schuf die Barmer Synode die Grundlage für das »kirchliche Notrecht«, wie es auf der zweiten Bekenntnissynode in Dahlem im Oktober 1934 beschlossen wurde, als sich der kirchliche Konflikt durch den Eingriff der Reichskirchenregierung in die Leitung der Kirchen in Bayern und Württemberg weiter zuspitzte. Dadurch wurde die Bekennende Kirche ermächtigt, anstelle des deutsch-christlichen Kirchenregiments neue Organe der Leitung in der Deutschen Evangelischen Kirche zu berufen. Gleichzeitig wurden »die christlichen Gemeinden, ihre Pfarrer und Ältesten« aufgefordert, »von der bisherigen Reichskirchenregierung und ihren Behörden keine Weisungen entgegenzunehmen und sich von der Zusammenarbeit mit denen zurückzuziehen, die diesem Kirchenregiment weiterhin gehorsam sein wollen«. Das kirchliche Notrecht stärkte den Reichsbruderrat und die von den Bekenntnissynoden in den einzelnen Kirchen bestellten Leitungsorgane, indem es ihnen eindeutige Handlungsaufträge gab und weitreichende Handlungsfreiheit einräumte. Allerdings wurde dieses Notrecht in der Folgezeit nicht einheitlich praktiziert, vielmehr stellte seine Anwendung in mancher Hinsicht die Einheit der Bekennenden Kirche in Frage. Dazu trugen die unterschiedlichen kirchenregimentlichen Situationen in den sogenannten »intakten« und »zerstörten« Landeskirchen bei — in Bayern und Württemberg übten die rechtmäßigen Organe nach kurzer Zeit ihre Leitungsfunktion wieder ungehindert aus. Aber auch voneinander abweichende kirchenpolitische Beurteilungen spielten eine Rolle.

Trotz des im Kirchenkampf nicht überall gleich bedeutsamen »kirchlichen Notrechts« wirkt aber das rechtstheologische Signal von Barmen bis heute nach. So urteilt der Kirchenrechtler Siegfried Grundmann im Evangelischen Staatslexikon (1966/1975): »Wie alle Teile des kirchlichen Lebens, so hat der Kirchenkampf auch das evangelische Kirchenrecht zutiefst gewandelt... Ein theologie- und bekenntnisneutrales Kirchenrecht wird heute nur noch selten vertreten«.

Die drei Abschnitte der »Erklärung zur praktischen Arbeit der Bekenntnissynode« lassen die Schwerpunkte für eine Erneuerung der Kirche erkennen, wie sie von vielen Gemeindegliedern erhofft wurde. Das zeigen einige Diskussionsbeiträge auf der Synode. Buchhändler Sonnenschein (Marburg) wünschte, daß »das, was wir jetzt von Gott aus neu bauen, nun wirklich Gemeinde wird, lebendige Gemeinde«. Kaufmann Link (Düsseldorf): »Um diese Frage der Neubildung der Gemeinden muß unser Gesamtsinnen und -denken sich hauptsächlich bewegen, wenn wir wieder die Hoffnung schaffen wollen, von diesem Tage an, der uns doch mit mancher Hoffnung erfüllt hat, tatsächlich eine neue Kirche bauen zu können«. Pfarrer Dahlkötter: »Was in den Bekenntnissen der Synode ausgesprochen worden ist, das enthält... die Antriebe zu einer ganz außerordentlich weitgreifenden Umgestaltung unseres praktischen kirchlichen Lebens«. Man konnte und wollte also nicht den Zustand verteidigen oder zurückgewinnen, in dem der Kirchenkampf des Jahres 1933 die Kirche angetroffen hatte. Diese Erklärung ließ erkennen, in welcher Weise die Bekenntnissynode praktische Folgerungen aus ihren theologischen Einsichten ziehen wollte.

Dabei ist nicht alles, was Barmen angeregt hat, erst Neuschöpfung dieser Synode. Und nicht alles, was in den nächsten Jahren in Angriff genommen wurde, war bereits in dieser Erklärung enthalten. Aber die Richtung wurde markiert, die Anstöße wirkten sich aus, und manches damals Neue ist uns heute zur Selbstverständlichkeit geworden.

Die erste Sorge galt der geistlichen Erneuerung des Pfarrerstandes. Die Bekennende Kirche hat an vielen Orten den Pfarrkonventen und -konferenzen neuen geistlichen und theologischen Gehalt gegeben; Predigten wurden gemeinsam vorbereitet oder nachträglich in

brüderlichem Kreise besprochen; theologischen Fragen wurde sorg-
fältig nachgegangen. Sie hat die Theologiestudenten an den Universitäten gesammelt, für sie Studentenämter neu geschaffen, Kirchliche Hochschulen und Predigerseminare eingerichtet und Rüstzeiten
veranstaltet. Hilfsprediger und Vikare schlossen sich zu Bruderschaften zusammen. Manches geschah spontan, anderes in wohl-
überlegter Planung; alles aber war ausgerichtet auf einen Dienst in
den Gemeinden, der dem Evangelium und den Bekenntnissen verpflichtet sein wollte.
Dem Gemeindeaufbau unmittelbar dienten die Bemühungen, die
biblisch-theologische Kenntnis der Gemeindeglieder zu vertiefen,
sie zum Verständnis kirchlichen Lebens anzuleiten und in die Praxis
der Gemeinde einzuführen. Eine »Kammer für kirchlichen Unterricht« wurde eingesetzt, die »Christenlehre« mancherorts wieder
eingeführt und ein »Kirchbüchlein« herausgegeben, das das christliche Leben in seinem Ablauf unter den Zuspruch des Wortes Gottes
stellte. Bibelhilfen für Kinder, Jugendliche und Erwachsene wurden
gedruckt. Gottesdienstordnungen für jeden Sonntag, Lesepredigten
für verwaiste Gemeinden und viele weitere Arbeitshilfen wurden
zur Verfügung gestellt.
Die Bekennende Kirche nahm sich auch der volksmissionarischen
Arbeit an, die dadurch starken Auftrieb erhielt. In mehr als 10 000
Gemeinden wurde seit 1937 jährlich eine Bibelwoche veranstaltet.
An den Universitäten nahmen Beauftragte der Bekennenden Kirche eine Arbeit unter den Studenten aller Fakultäten auf, weithin gemeinsam mit der Deutschen Christlichen Studentenvereinigung und
nach deren Verbot gleichsam als ihr Erbe. Aus dieser Arbeit sind die
Studentengemeinden hervorgegangen. »Evangelische Wochen«,
deren erste 1935 in Hannover und 1936 in Essen stattfanden, wurden Vorläufer für den Kirchentag und in gewisser Weise auch für die
Evangelischen Akademien. Die Kirche übernahm nun manches von
dem in ihre Verantwortung, was vor 1933 freie Vereine und Verbände getan hatten, einerseits weil die Verbände behindert oder zer-
schlagen waren und andererseits, weil die Kirche deutlicher als zuvor ihren umfassenden und zentralen Auftrag erkannte, »die Botschaft von der freien Gnade Gottes auszurichten an alles Volk«.

1

An die Evangelischen Gemeinden
und Christen in Deutschland

In Barmen hat vom 29. bis 31. Mai 1934 die Bekenntnissynode der
Deutschen Evangelischen Kirche getagt. Hier haben sich Vertreter
aus allen deutschen Bekenntniskirchen im Bekenntnis zu dem einen
Herrn der einen heiligen, apostolischen Kirche einmütig zusammen-

gefunden. Glieder lutherischer, reformierter und unierter Kirchen haben aus der Treue zu ihrem Bekenntnis heraus ein gemeinsames Wort zur Not und Anfechtung der Kirche in unseren Tagen gesucht. Mit Dank gegen Gott glauben sie gewiß, daß ihnen das gemeinsame Wort in den Mund gelegt worden ist. Sie wollten weder eine neue Kirche gründen, noch eine Union schaffen. Denn nichts lag ihnen ferner, als die Aufhebung des Bekenntnisstandes unserer Kirchen. Vielmehr war ihr Wille, der Zerstörung des Bekenntnisses und damit der evangelischen Kirche in Deutschland im Glauben und in der Einmütigkeit zu widerstehen. Den Versuchen, durch falsche Lehre, durch Anwendung von Gewalt, Unlauterkeit des Vorgehens die Einheit der Deutschen Evangelischen Kirche herzustellen, setzt die Bekenntnissynode entgegen: *Die Einigkeit der evangelischen Kirchen Deutschlands kann nur werden aus dem Worte Gottes im Glauben durch den Heiligen Geist.* So allein wird die Kirche erneuert. Darum ruft die Bekenntnissynode die Gemeinden auf, sich im Gebet hinter sie zu stellen und sich unverrückt um ihre bekenntnistreuen Hirten und Lehrer zu scharen.

Lasset euch nicht durch lose Rede verführen, als wollten wir der Einheit des Deutschen Volkes widerstreben! Höret nicht auf die Verführer, die unser Wollen verkehren, als hätten wir vor, die Einheit der Deutschen Evangelischen Kirche zu sprengen oder die Bekenntnisse der Väter zu verlassen!

Prüfet die Geister, ob sie von Gott sind! Prüfet auch die Worte der Bekenntnissynode der Deutschen Evangelischen Kirche, ob sie mit der Heiligen Schrift und den Bekenntnisschriften der Väter übereinstimmen. Findet ihr, daß wir wider die Schrift reden, dann hört nicht auf uns! Findet ihr aber, daß wir in der Schrift stehen, dann lasset keine Furcht und Verführung euch abhalten, mit uns den Weg des Glaubens und des Gehorsams gegen das Wort Gottes zu beschreiten, auf daß Gottes Volk in einerlei Sinn auf Erden stehe und wir glaubend erfahren, daß Er Selbst gesagt hat: *»Ich will dich nicht verlassen noch versäumen.«* — Darum: *»Fürchte dich nicht, du kleine Herde, denn es ist eures Vaters Wohlgefallen, euch das Reich zu geben.«*

2

Erklärung zur Rechtslage
der Bekenntnissynode
der Deutschen Evangelischen Kirche

1. Die unantastbare *Grundlage* der Deutschen Evangelischen Kirche ist das Evangelium von Jesus Christus, *wie es in der Heiligen Schrift bezeugt und in den Bekenntnissen der Reformation neu ans Licht getreten ist.*
Das derzeitige Reichskirchenregiment hat diese unantastbare Grundlage verlassen und sich zahlreicher Rechts- und Verfassungsbrüche schuldig gemacht. Es *hat* dadurch *den Anspruch verwirkt, rechtmäßige Leitung der Deutschen Evangelischen Kirche zu sein.*
Im Namen der Deutschen Evangelischen Kirche rechtmäßig zu sprechen und zu handeln sind nur die berufen, welche an der Heiligen Schrift und dem Bekenntnis der Kirche als ihrer unantastbaren Grundlage festhalten und beidem die maßgebende Geltung in der Deutschen Evangelischen Kirche wieder verschaffen wollen.
Die in solchem Bekenntnis einigen Gemeinden und Kirchen sind die rechtmäßige Deutsche Evangelische Kirche; sie treten zur Bekenntnissynode der Deutschen Evangelischen Kirche zusammen.
2. Die *Bekenntnissynode hat* in der gegenwärtigen kirchlichen Notlage *die Aufgabe,* in der Deutschen Evangelischen Kirche *die Bekennende Gemeinde zu sammeln* und *zu vertreten, ihre Gemeinschaft* und gemeinsamen Aufgaben *zu pflegen und dahin zu wirken,* daß die evangelische Kirche dem Evangelium und Bekenntnis gemäß geführt und Verfassung und Recht dabei gewahrt werden.
3. *In der Kirche ist eine Scheidung der äußeren Ordnung vom Bekenntnis nicht möglich.* Insofern ist die in der Verfassung festgelegte Gliederung der Deutschen Evangelischen Kirche in Landeskirchen bekenntnismäßig begründet. Bekenntnismäßig gebundene Landeskirchen dürfen nicht durch Eingliederung in die Deutsche Evangelische Kirche auf dem Wege der Verwaltung oder gar des äußeren Zwanges ihrer Selbständigkeit beraubt werden, weil ihre äußere kirchliche Ordnung sich immer vor ihrem Bekenntnis zu rechtfertigen hat. Die von der Reichskirchenregierung bisher vollzogenen Eingliederungen entbehren der Rechtswirksamkeit.
4. Die Einheit der Deutschen Evangelischen Kirche wird auch nicht geschaffen durch den rücksichtslosen Ausbau einer zentralen Befehlsgewalt, die ihre Rechtfertigung dem der Kirche wesensfremden weltlichen Führerprinzip entnimmt. *Die hierarchische Gestaltung der Kirche widerspricht dem reformatorischen Bekenntnis.*

5. Ihre *echte kirchliche Einheit* kann die Deutsche Evangelische Kirche nur auf dem Wege gewinnen, daß sie

a) die reformatorischen Bekenntnisse wahrt und einen organischen Zusammenschluß der Landeskirchen und Gemeinden auf der Grundlage ihres Bekenntnisses fördert,

b) der Gemeinde als der Trägerin der Wortverkündigung den ihr gebührenden Platz läßt.

Es muß ihr ernstes Anliegen sein, daß der Geist des Herrn Christus *und nicht der Geist weltlichen Herrschens* in der Kirche unserer Väter bestimmend ist.

Im Gehorsam gegen den Herrn der Kirche liegt so starke *einigende Kraft,* daß wir trotz der Verschiedenheit der reformatorischen Bekenntnisse zu einem einheitlichen Wollen und Handeln in der Deutschen Evangelischen Kirche zusammenstehen können.

3

Erklärung zur praktischen Arbeit der Bekenntnissynode der Deutschen Evangelischen Kirche

In dem *gemeinsamen Zeugnis* der Bekenntnissynode der Deutschen Evangelischen Kirche heißt es in Punkt 6: »Siehe, ich bin bei euch alle Tage bis an der Welt Ende« (Mt 28,20). »Gottes Wort ist nicht gebunden« (2 Tim 2,9). »Der Auftrag der Kirche, in welchem ihre Freiheit gründet, besteht darin, an Christi Statt und also im Dienst seines eigenen Wortes und Werkes durch Predigt und Sakrament die Botschaft von der freien Gnade Gottes auszurichten an alles Volk.«

Damit ist die *Bekennende Kirche Deutschlands zur dienenden Arbeit* aufgerufen.

Gott hat uns bekennende Gemeinden geschenkt. Durch dieses Lebendigwerden vieler Gemeindeglieder und Pastoren ist auch ein neuer geheiligter Wille zum Dienst erwacht. Wenn die Bekenntnissynode der DEK die Leitung der deutschen evangelischen Christenheit übernimmt, so übernimmt sie damit eine große Verantwortung gegenüber den neuen Gaben und Kräften, die Gott der evangelischen Christenheit geschenkt hat. Es wird deshalb als dringliche Arbeit für die Bekenntnissynode der DEK empfohlen:

I. Der Dienst zur geistlichen Erneuerung des Pfarrerstandes

Soll der Pfarrer die ihm von Gott gegebenen neuen Aufgaben am Aufbau der Gemeinde im Geiste des Wortes Gottes ausführen, so bedarf er der ständigen Zucht und Leitung des Heiligen Geistes.

1. Der geistliche Dienst der Brüder untereinander.

a) Die Pfarrer müssen sich in den einzelnen Synoden zu gegenseitigem Dienst aneinander, zur gemeinsamen Arbeit unter Gottes Wort und zum Gebet zusammenschließen und regelmäßig zusammenkommen. An solchen Zusammenkünften müssen von Zeit zu Zeit auch die Pfarrfrauen teilnehmen.

b) Wir brauchen in unserer Kirche Männer, die das Mahn- und Trostamt ausrichten, auch gelegentlich freigemacht werden, um von Ort zu Ort die Brüder zu stärken und zu ermahnen, besonders die Vereinsamten,

c) besondere Rüstzeiten von mehrtägiger Dauer, abseits vom Getriebe der großen Städte, möglichst auch für Pfarrfrauen,

d) eine in regelmäßigen Abständen erscheinende geistliche Handreichung.

2. Ernste theologische Schulung, um in bekenntnismäßig gegliederten Konventen eine weitgehende Übereinstimmung in den Fragen der Lehre zu erreichen.

3. Planmäßige Ausbildung für den Dienst in der Gemeinde. Diese Ausbildung, bisher mehr oder weniger dem Zufall überlassen, fordert ernste Schulung für Predigt, Unterricht und Seelsorge.

4. Betreuung des theologischen Nachwuchses

a) durch Sammlung auf den Universitäten und in den Ferien,

b) in geeigneten Vikariaten,

c) in Predigerseminaren,

d) in theologischen Schulen,

e) durch Rüstzeiten.

II. Aufbau der Bekennenden Gemeinde

Pfarrer und Gemeinde gehören aufs engste zusammen; denn der Hirte steht in der Gemeinde, und die Gemeinde steht mit dem Hirten. Die Bekennende Gemeinde ist zum Dienst willig, muß aber noch dafür gerüstet werden. Es soll hier nicht eine Kirchenordnung der Bekennenden Gemeinde gezeichnet werden. Es wird verwiesen auf den Beschluß der Preußischen Bekenntnissynode: »Der Aufbau der Bekennenden Kirche der altpreußischen Union.« Hier soll nur im Anschluß an das Zeugnis der Bekenntnissynode darauf hingewiesen werden, was in der Gemeinde jetzt an Dienst zu tun ist.

1. Die Bekennende Gemeinde als geistlicher Organismus.
a) Der Dienst am Wort. Die Gemeinden haben wieder zu lernen, daß der sonntägliche Gottesdienst im Mittelpunkt des Gemeindelebens steht. Die Heilighaltung des Sonntags ist den Gemeinden mit ganzem Ernst einzuschärfen. Zum Aufbau der Gemeinde gehört die Verwaltung der Sakramente, deren Bedeutung der Gemeinde neu zu erschließen ist. Unterricht, Sammlung der konfirmierten Jugend (Christenlehre), Bibelstunde und Seelsorge dienen darüber hinaus dem notwendigen persönlichen Vertrautwerden mit der Bibel.
b) Besondere Veranstaltungen zur Schulung der Gemeinde. Männerdienst, Rüstzeiten für Älteste (Presbyter), Elternabende zur Förderung des christlichen Familienlebens, Frauenhilfen.
2. Weil die freien Verbände nur lebensfähig sind auf dem Boden der Bekennenden Gemeinde (Innere Mission, Äußere Mission, Verbände der Jugend, der Männer und Frauen, Gemeinschaften u.ä., Gustav-Adolf-Verein, Evangelischer Bund u.ä.), ist von ihnen und ihren Leitungen eine klare Entscheidung für die Bekenntnissynode der DEK zu fordern. Nur soweit diese Entscheidung erfolgt ist, werden sie ihre Berechtigung im Aufbau der Bekennenden Gemeinde behalten.

III. Sendung der Bekennenden Gemeinde

Nur da, wo mit ganzem Ernst der Bruderdienst an den Hirten der Gemeinde getan wird und wirklich die Gemeinde als geistlicher Organismus, das heißt als Leib Christi lebt, ist sie zu dem Dienst, den sie durch Predigt und Sakrament an allem Volk auszurichten hat, nämlich zu dem Dienst der Verkündigung der freien Gnade Gottes in Christo Jesu geschickt. Der Auftrag ist groß, das Erntefeld weit und reif zur Ernte. Alle lebendigen Glieder der Gemeinde sind eingeschlossen in diesen Sendedienst, entweder als solche, die verkündigen oder als solche, die in der Fürbitte stehen. Das Zeichen einer lebendigen Gemeinde ist immer, daß sie sendet.
1. Außerordentliche Aufgaben innerhalb der Einzelgemeinde (Evangelisation, Schriftendienst, Bibelwochen zur Vertiefung).
2. Dienst an den Entfremdeten (Freidenker, Deutsche Glaubensbewegung).
3. Verantwortung für gefährdete Gemeinden und Gebiete der DEK (Aufstellung einer Liste bewährter Evangelisten, Schulung der Evangelisten zu besonderen Aufgaben, Ausarbeitung von Plänen und Themen).
4. Dienst an der Reichswehr (Truppenübungsplätze), SA, SS, HJ, Versorgung der Arbeitsdienst- und Jugendlager.

Die kirchenrechtliche Aufnahme
der Theologischen Erklärung von Barmen
durch die deutschen evangelischen Kirchen

I Die Anfänge

Die Synodalen von Barmen 1934, die aus lutherischen, reformierten und unierten Kirchen kamen und glaubten, daß ihnen mit der Theologischen Erklärung »in einer Zeit gemeinsamer Not und Anfechtung ein gemeinsames Wort in den Mund gelegt« war, erkannten zugleich, daß sie damit den Fuß auf einen Weg gesetzt hatten, von dem sie nicht wußten, was er ihnen noch an Einsichten oder Zumutungen, an Gemeinsamkeiten oder Schwierigkeiten bringen würde: »Wir befehlen es Gott, was dies für das Verhältnis der Bekenntniskirchen untereinander bedeuten mag.« Die unterschiedlichen Bekenntnisbindungen hatten bei der Beratung des Entwurfstextes eine Rolle gespielt; die Bekenntniskonvente traten während der Synode zu gesonderten Beratungen der Theologischen Erklärung zusammen. Nach der einstimmigen Annahme im Plenum am 31. Mai 1934 übergab die Synode »diese Erklärung den Bekenntniskonventen zur Erarbeitung verantwortlicher Auslegung von ihren Bekenntnissen aus.« Eine solche offizielle Auslegung von den reformatorischen Bekenntnissen her ist bis heute nicht vorgelegt worden.

So ist die Theologische Erklärung von Barmen schon bald trotz weitgehender inhaltlicher Zustimmung zum Streitobjekt darüber geworden, welcher kirchenrechtliche Charakter und welche theologische Bedeutung ihr zukommen. Handelt es sich um ein neues Bekenntnis? In welchem Verhältnis steht dieses zu den Bekenntnissen des 16. Jahrhunderts? Oder ist es »nur« ein Glaubenszeugnis? Worin unterscheiden sich Bekenntnis und Glaubenszeugnis, und wer stellt die unterschiedliche Verbindlichkeit, die darin ausgedrückt werden soll, fest? Auf diese Fragen geben Kirchen und einzelne Christen bis heute abweichende oder auch gegensätzliche Antworten, bei denen theologische und kirchenrechtliche, aber auch kirchenpolitische Argumente in Bindung an die konfessionelle Tradition und an die Erfahrungen des Kirchenkampfes vorgetragen werden. Auf sie kann hier nicht insgesamt eingegangen werden. Der Hinweis auf diese Differenzen kann jedoch erklären, warum »Barmen« in den deutschen evangelischen Kirchen bei der Neuordnung nach 1945 sehr unterschiedliche kirchenrechtliche Bedeutung erhalten hat. Dabei haben sich vorzüglich zwei Möglichkeiten herausgebildet, die Theologische Erklärung kirchenrechtlich zu verankern: in den Grundartikeln der Verfassungen und in der Lehrverpflichtung bei der Ordination.

Ein Blick auf die Entscheidungen einzelner Landeskirchen während des Kirchenkampfes zeigt, daß die spätere Stellungnahme zur Theologischen Erklärung zum Teil auf diese Entscheidung zurückgeht. In den sogenannten »intakten« Kirchen wie Bayern, Hannover und Württemberg war es den Deutschen Christen nicht gelungen, die rechtmäßigen Inhaber der leitenden Ämter abzusetzen. Diese beteiligten sich am Kampf der Bekennenden Kirche. In den Leitungen dieser Kirchen empfand man weder das Bedürfnis noch die Notwendigkeit, die Bekenntnisgrundlage der Kirche neu zu durchdenken. Anders war die Lage in den Kirchen, die nach dem Urteil der bekenntnistreuen Gemeinden ohne rechtmäßige und bekenntnisgemäße Leitung waren. Hier mußte die Bekenntnissynode in Wahrnehmung ihrer Verantwortung und in Ausübung des kirchlichen Notrechts neue Leitungsorgane einsetzen und darlegen, worin sie ihre rechtmäßige Ordnung gegründet sah. Die Berufung auf die reformatorischen Bekenntnisse reichte in der damaligen Situation nicht aus; denn auf diese beriefen sich auch ihre Gegner. Deshalb beschloß die zweite Bekenntnissynode der Evangelischen Kirche der altpreußischen Union im März 1935:

»Die Grundvoraussetzung für eine echte Ordnung der Kirche bleibt die Bindung an die Heilige Schrift und die Bekenntnisse der Kirche, wie sie in der Barmer Erklärung zur Abwehr der gegenwärtigen Irrlehren bezeugt worden ist.«

Diese Aussage wurde von der vierten altpreußischen Bekenntnissynode, die sich im Mai 1937 in Halle intensiv mit der konfessionellen Frage in der Evangelischen Kirche der altpreußischen Union befaßte, noch verstärkt.

»Die Bekenntnissynode der Deutschen Evangelischen Kirche von Barmen hat in ihrer theologischen Erklärung die unumgängliche Voraussetzung bezeugt, ohne welche die bei uns geltenden Bekenntnisse nicht recht gelehrt und wahrhaft bekannt werden können. Die Bekenntnissynode der Evangelischen Kirche der altpreußischen Union hat sich diese Erklärung zu eigen gemacht und damit die Voraussetzung geschaffen, unter der allein die Evangelische Kirche der altpreußischen Union in Übereinstimmung mit den in ihr geltenden Bekenntnissen auf dem Grunde der Heiligen Schrift gebaut werden kann.

Wo die Bindung an die Heilige Schrift und die Bekenntnisse der Kirche, wie sie in der Theologischen Erklärung der Bekenntnissynode der Deutschen Evangelischen Kirche in Barmen zur Abwehr der gegenwärtigen Irrlehren bezeugt worden ist, nicht anerkannt wird, kann auch die Geltung eines reformatorischen Bekenntnisses nicht zu Recht behauptet werden.«

Die Bekenntnissynode der Evangelischen Kirche der altpreußischen Union band also die aktuelle Interpretation der reformatorischen Bekenntnisse an die in Barmen gemeinsam bekannten »evangelischen Wahrheiten« der Theologischen Erklärung. Zugleich erkannte sie darin ein neues Verständnis der Kirche, das die Voraussetzung zur Erneuerung der Evangelischen Kirche der altpreußischen Union schuf. Eine so weitgehende Anerkennung fand die Theologische Erklärung in den lutherischen Kirchen im allgemeinen nicht. Das unterstreichen die folgenden Sätze aus dem Beschluß des Lutherrates vom 3.2.1937:

»... Darum erkennen wir in den Barmer Sätzen auch weiterhin eine theologische Erklärung, die wegweisend sein will in den heute von jeder Kirche, die das Evangelium bekennt, von ihrem Bekenntnis aus geforderten Entscheidungen. Dabei ist die lutherische Kirche gehalten — und die Beschlüsse von Barmen unterstützen diese Aufgabe —, die Barmer Sätze an ihrem Bekenntnis zu prüfen und durch das Bekenntnis auszulegen.

Da die Barmer Sätze bewußt keine Entscheidung über die Wahrheit des lutherischen oder des reformierten Bekenntnisses treffen und auch weder das eine noch das andere Bekenntnis bestätigend aufgreifen, sind sie selbst einer maßgeblichen Auslegung auf Grund der Bekenntnisse der Kirchen bedürftig ...«

In den »zerstörten« Kirchen wurde auch die Lehrverpflichtung bei der Ordination neu formuliert. Die Bekennende Kirche hat die Sorge für die Ausbildung und Einführung der zukünftigen Prediger des Wortes als eine ganz wesentliche Aufgabe kirchenregimentlicher Befugnisse schon bald überall da übernommen, wo die Deutschen Christen die Leitung der Landeskirche beherrschten. Hier praktizierte sie das kirchliche Notrecht. Am 14.10.1934 hat die erste Ordination im Auftrag des altpreußischen Bruderrates in der damaligen Provinz Posen-Grenzmark stattgefunden. Dabei wurde in der altpreußischen Union schon früh »Barmen« in die Lehrverpflichtung aufgenommen (z.B. im Rheinland seit 1935 auf Beschluß des Bruderrates und der Bekenntnissynode).

Die bereits erwähnte vierte altpreußische Bekenntnissynode beschloß 1937 folgende schriftlich zu vollziehende Lehrverpflichtung bei der Ordination:

»Ich gelobe vor Gott, daß ich das mir aufgetragene Amt führen will in Bindung an das Wort Gottes, wie es verfaßt ist in der Heiligen Schrift Alten und Neuen Testaments als der alleinigen und vollkommenen Richtschnur für die Lehre, wie es bezeugt ist in den altkirchlichen Glaubensbekenntnissen, dem Apostolikum, dem Nicaenum und dem Athanasianum sowie . . . (folgt Bezug auf die reformatorischen Bekenntnisse, unterschiedlich gefaßt für lutherische, reformierte und unierte Prediger) . . . und wie es gegenüber den Irrlehren unserer Zeit als bindend bekannt ist in der Theologischen Erklärung der ersten Bekenntnissynode der Deutschen Evangelischen Kirche in Barmen.«

Mit dieser Wertung der Theologischen Erklärung durch einzelne Bekenntnissynoden während des Kirchenkampfes waren Entscheidungen getroffen worden, die bei der Neufassung von kirchlichen Grundordnungen und Ordinationsordnungen nach dem Kriege weiterwirkten, freilich nicht im Sinne einer ungebrochenen Kontinuität. Das zeigte sich in den nach 1945 sich verselbständigenden ehemaligen Kirchenprovinzen der altpreußischen Union, als diese daran gingen, Aussagen über die theologische Grundlage ihrer neuen Ordnung zu machen. In ihnen stimmen die Formulierungen in bezug auf die Theologische Erklärung von Barmen keineswegs überall überein. Aber auch in anderen Landeskirchen gestalteten sich die Beratungen schwierig. Das galt erst recht, als es um die Grundartikel der sich ordnenden Evangelischen Kirche in Deutschland ging, denen alle Gliedkirchen zustimmen mußten. Das Ergebnis, das in den deutschen evangelischen Kirchen aufgrund sehr unterschiedlicher theologischer und kirchenrechtlicher Entscheidungen herauskam, zeigt die nachstehende Übersicht.

II   Verfassungen von Zusammenschlüssen

Für alle Gliedkirchen der Evangelischen Kirche in Deutschland und des Bundes der Evangelischen Kirchen in der DDR ist die Bekenntnissynode ein besonderes Ereignis der jüngeren Kirchengeschichte, das für sie bis heute eine wichtige Bedeutung hat. Das zeigt sich darin, daß alle Zusammenschlüsse in ihren Grundordnungen eine Aussage — allerdings unterschiedlicher Gewichtung — zu »Barmen« machen, die damit auch für ihre Gliedkirchen gilt:

1)   Die Evangelische Kirche in Deutschland (EKD) bezieht sich auf die in Barmen getroffenen Entscheidungen und die Erkenntnisse des Kirchenkampfes über Wesen, Auftrag und Ordnung der Kirche, ohne die Theologische Erklärung ausdrücklich zu erwähnen.

»Mit ihren Gliedkirchen bejaht die Evangelische Kirche in Deutschland die von der ersten Bekenntnissynode in Barmen getroffenen Entscheidungen. Sie weiß sich verpflichtet, als bekennende Kirche die Erkenntnisse des Kirchenkampfes über Wesen,

Auftrag und Ordnung der Kirche zur Auswirkung zu bringen. Sie ruft die Gliedkirchen zum Hören auf das Zeugnis der Brüder. Sie hilft ihnen, wo es gefordert wird, zur gemeinsamen Abwehr kirchenzerstörender Irrlehre.« (13.7.48)

2) Der Bund der Evangelischen Kirchen in der DDR (BEK DDR) hat 1969 den Hinweis auf die Erkenntnisse des Kirchenkampfes über Wesen, Auftrag und Ordnung der Kirche fortgelassen, als er die Aussage der EKD für seine neue Ordnung im wesentlichen übernahm.

»Mit seinen Gliedkirchen bejaht der Bund die von der ersten Bekenntnissynode in Barmen getroffenen Entscheidungen. Er ruft die Gliedkirchen zum Hören auf das Zeugnis der Brüder. Er hilft ihnen zur gemeinsamen Abwehr kirchenzerstörender Irrlehre.« (10.6.69)

3) Die Vereinigte Evangelisch-Lutherische Kirche (VELK) sowohl in der Bundesrepublik Deutschland wie in der Deutschen Demokratischen Republik bezieht sich auf die in Barmen geschenkte Gemeinschaft und erkennt den Verwerfungen der Erklärung in der Auslegung durch das lutherische Bekenntnis maßgebliche Bedeutung zu:

»Die Vereinigte Kirche, in ihren Gliedkirchen mit den anderen evangelischen Kirchen in Deutschland in einem Bund bekenntnisbestimmter Kirchen zusammengeschlossen, wahrt und fördert die im Kampf um das Bekenntnis geschenkte, auf der Bekenntnissynode von Barmen 1934 bezeugte Gemeinschaft. Die dort ausgesprochenen Verwerfungen bleiben in der Auslegung durch das lutherische Bekenntnis für ihr kirchliches Handeln maßgebend.« (8.7.48)

4) Während in den bisherigen Fällen »Barmen« innerhalb der Grundordnungen von der Aussage über die jeweilige Bekenntnisbindung deutlich abgesetzt wird, bekundet die Evangelische Kirche der Union (EKU) ihre Bindung an Barmen innerhalb der Grundartikel und in Zusammenhang mit der Bekenntnisbindung. Darüber hinaus wird hier ausdrücklich die Übereinstimmung der Theologischen Erklärung mit der Heiligen Schrift betont:

»Gebunden an das Wort der Heiligen Schrift bejaht die Evangelische Kirche der Union die Theologische Erklärung von Barmen als ein Glaubenszeugnis in seiner wegweisenden Bedeutung für die versuchte und angefochtene Kirche.« (20.2.51)

5) Der Reformierte Bund, zu dem sich reformierte Kirchen, Gemeinden und Einzelpersonen zusammengeschlossen haben, hat auch die Theologische Erklärung in die theologische Grundlegung seiner Ordnung aufgenommen:

Alte Fassung:

>»Der Reformierte Bund bekennt sich zu Jesus Christus als dem einen Wort Gottes, wie es in der Heiligen Schrift des Alten und Neuen Testaments gegeben und wie es bezeugt ist in den altkirchlichen Glaubensbekenntnissen, in den reformierten Bekenntnisschriften, insbesondere im Heidelberger Katechismus und wie es bekannt ist in der Barmer Theologischen Erklärung von 1934.« (1948)

Neue Fassung:

>»Jesus Christus, wie er uns in der Heiligen Schrift bezeugt wird, ist das eine Wort Gottes, das wir zu hören, dem wir im Leben und im Sterben zu vertrauen und zu gehorchen haben. Der Reformierte Bund will der Kirche dienen, die Jesus Christus durch seinen Geist und sein Wort versammelt, sendet, schützt und erhält . . .
Der Reformierte Bund hat die Aufgabe, der ständigen Erneuerung der Kirche aus dem Worte Gottes zu dienen.
Zur Erfüllung seiner Aufgabe soll sich der Bund besonders darum bemühen, daß das Wort Gottes der Heiligen Schrift Alten und Neuen Testaments so verkündigt und gelehrt wird, wie es in den Bekenntnissen der Reformation, insbesondere im Heidelberger Katechismus und aufs Neue bekannt in der Theologischen Erklärung von Barmen, bezeugt wird . . .« (13.10.72)

III Verfassungen von Landeskirchen

Eine Durchsicht der Grundordnungen bzw. Verfassungen der einzelnen Landeskirchen ergibt folgendes:

1) Einige Kirchen begnügen sich mit der Bindung an »Barmen«, wie sie durch ihre Anerkennung der Verfassung des Zusammenschlusses, zu dem sie gehören, gegeben ist:
Evangelische Landeskirche Anhalts
Evangelisch-Lutherische Kirche in Bayern
Bremische Evangelische Kirche
Evangelisch-lutherische Landeskirche in Braunschweig
Evangelisch-lutherische Landeskirche Hannovers
Evangelische Kirche von Kurhessen-Waldeck
Lippische Landeskirche
Evangelisch-Lutherische Landeskirche Mecklenburgs
Nordelbische Evangelisch-Lutherische Kirche
Evangelisch-Lutherische Landeskirche Schaumburg-Lippe
Evangelisch-Lutherische Kirche in Thüringen
Evangelische Landeskirche in Württemberg
In dieser Gruppe bildet die Evangelische Landeskirche in Württem-

berg einen Sonderfall. In ihrer Grundordnung kommt »Barmen«
nicht vor, wohl aber in den Ausführungsbestimmungen zum Lehr-
zuchtgesetz von 1959 (Zi 46 zu § 11):

> »Das Unterstellen des biblischen, reformatorisch verstandenen
> Evangeliums von Jesus Christus unter menschliche Ansprüche
> und Gedanken wird beispielsweise in Lehren und Verhaltenswei-
> sen sichtbar, wie sie in der Theologischen Erklärung von Barmen
> vom 31. Mai 1934 verworfen werden.«

2)   Die Evangelisch-Lutherische Landeskirche Sachsens schließt
sich eng an die Aussage der VELK an, sowohl formal wie inhaltlich:

> »Sie wahrt und fördert die im Kampf um das Bekenntnis ge-
> schenkte und auf der Bekenntnissynode von Barmen bezeugte
> Gemeinschaft mit den anderen evangelischen Kirchen in
> Deutschland. Die dort ausgesprochenen Verwerfungen bleiben
> für ihr kirchliches Handeln in der Auslegung durch das lutheri-
> sche Bekenntnis maßgebend.« (13.12.50)

3)   Eine weitere Gruppe bilden die Kirchen, die die Theologische
Erklärung von Barmen in die Grundartikel oder den Vorspruch ihrer Verfassung bzw. Kirchenordnung aufgenommen haben und sie
der Reihe Heilige Schrift — altkirchliche Symbole — reformatori-
sche Bekenntnisse zuordnen. Allerdings gibt es auch hier Unterschiede. In der folgenden Gruppierung kann nur ein Versuch gemacht werden, diese anzudeuten:

1.   Die Theologische Erklärung als Bekenntnisschrift
Evangelisch-reformierte Kirche in Nordwestdeutschland

> »Als Bekenntnisschriften, die für Lehre und Ordnung, Leben und
> Dienst in der Evangelisch-reformierten Kirche in Nordwest-
> deutschland verbindlich sind, gelten, vorbehaltlich weiterführen-
> der schriftgemäßer Glaubenserkenntnis, der Heidelberger Kate-
> chismus und die ›Theologische Erklärung zur gegenwärtigen La-
> ge der Deutschen Evangelischen Kirche‹ der ersten Bekenntnis-
> synode zu Barmen vom 30. Mai 1934.« (28.11.70)

2.   Die Theologische Erklärung als weiterhin verbindliche Bezeugung des Evangeliums
Evangelische Kirche in Berlin-Brandenburg

> »Sie bejaht die von der ersten Bekenntnissynode von Barmen
> 1934 getroffenen Entscheidungen und sieht in deren theologi-
> scher Erklärung ein von der Schrift und den Bekenntnissen her
> auch fernerhin gebotenes Zeugnis der Kirche.« (15.12.48)

Evangelische Kirche in Hessen und Nassau
> »Als Kirche Jesu Christi hat sie ihr Bekenntnis jederzeit in gehor-

samer Prüfung an der Heiligen Schrift und im Hören auf die Brüder neu zu bezeugen. In diesem Sinne bekennt sie sich zu der Theologischen Erklärung von Barmen.« (17.3.49)

Evangelische Kirche der Kirchenprovinz Sachsen
Alte Fassung:
»Sie bejaht mit ihren lutherischen und reformierten Gemeinden die von der ersten Bekenntnissynode der DEK in Barmen 1934 getroffenen Entscheidungen und sieht in deren theologischer Erklärung ein von der Schrift und den Bekenntnissen her auch fernerhin gebotenes Zeugnis der Kirche.« (30.6.1950)

Neue Fassung:
»Als maßgebendes Beispiel für solch gemeinsames Bekennen und als auch fernerhin gebotenes Glaubenszeugnis für die versuchte und angefochtene Kirche bejaht sie die Theologische Erklärung von Barmen.« (16.3.80)

Evangelische Kirche des Görlitzer Kirchengebietes
»Sie erkennt die von der ersten Bekenntnissynode von Barmen 1934 getroffenen Entscheidungen an und sieht in deren theologischer Erklärung ein von der Schrift und den Bekenntnissen her auch fernerhin gebotenes Zeugnis der Kirche.« (14.11.51)

Evangelische Kirche im Rheinland
»Sie bejaht die Theologische Erklärung der Bekenntnissynode der Deutschen Evangelischen Kirche von Barmen als eine schriftgemäße, für den Dienst der Kirche verbindliche Bezeugung des Evangeliums.« (2.5.52)

Evangelische Kirche von Westfalen
»In allen Gemeinden wird die Theologische Erklärung der Bekenntnissynode der Deutschen Evangelischen Kirche von Barmen als eine schriftgemäße, für den Dienst der Kirche verbindliche Bezeugung des Evangeliums bejaht.« (1.12.53)

Evangelische Landeskirche in Baden
»Sie bejaht die Theologische Erklärung von Barmen als schriftgemäße Bezeugung des Evangeliums gegenüber Irrlehren und Eingriffen totalitärer Gewalt.
Sie weiß sich verpflichtet, ihr Bekenntnis immer wieder an der Heiligen Schrift zu prüfen und es in Lehre und Ordnung zu bezeugen und lebendig zu halten.« (5.5.72)

Evangelische Kirche der Pfalz (Protestantische Landeskirche)
Die Evangelische Kirche der Pfalz hat sich durch einen Beschluß
ihrer Synode im Jahre 1946 für ihre Neuordnung an die »Theologische Erklärung« gebunden. Ihre Verfassung in der Fassung vom
25.1.1983 nimmt jedoch keinen ausdrücklichen Bezug auf »Barmen«.
»Die vorläufige Landessynode erkennt dankbar an, daß in der
Barmer Theologischen Erklärung von 1934 auf Grund der Heiligen Schrift und in rechter Auslegung der reformatorischen Bekenntnisse das Evangelium gegenüber eingebrochenen Irrtümern
klar bezeugt ist. Sie sieht darin einen Aufruf zum wirklichen Gehorsam gegenüber dem Herrn der Kirche und erblickt in ihr not-
wendige Richtlinien auch für die Neuordnung der Pfälzischen
Landeskirche, die sie anzuwenden gewillt ist.« (31.8.46)

3. Die Theologische Erklärung als Beispiel und Anstoß für gegen-
wärtiges Bezeugen des Evangeliums
Evangelisch-Lutherische Kirche in Oldenburg
»Die Kirche weiß sich verpflichtet, ihren Bekenntnisstand jeder-
zeit an der Heiligen Schrift neu zu prüfen und dabei auf den Rat
und die Mahnung der Brüder gleichen und anderen Bekenntnisses zu hören. Sie weiß, daß ihr Bekenntnis nur dann in Geltung ist,
wenn es jeweils in seiner Bedeutung für die Gegenwart ausgelegt,
weitergebildet und bezeugt wird. Zu dieser Haltung verpflichtet
sie auch die auf der ersten Bekenntnissynode der DEK in Barmen
1934 gefallene Entscheidung und die Theologische Erklärung
dieser Synode.« (20.2.50)

Evangelische Landeskirche Greifswald
»Sie weiß sich zu immer neuer Vergegenwärtigung und Anwendung dieser Bekenntnisse verpflichtet, wie dies auf der Bekenntnissynode in Barmen 1934 beispielhaft geschehen ist.« (16.9.50)

IV Ordinationsordnungen

Die Evangelische Kirche der Union hat die Theologische Erklärung
auch bei der Überarbeitung ihrer Ordinationsordnung 1963 und
1977 in der Lehrverpflichtung beibehalten. 1977 lautet diese:
»Sie sind bereit, sich dabei auf die in unserer Kirche (in dieser Gemeinde) geltenden Bekenntnisgrundlagen zu verpflichten, nämlich das Evangelium zu verkündigen, wie es grundlegend bezeugt
ist in der Heiligen Schrift Alten und Neuen Testaments, ausgelegt
in den drei altkirchlichen Glaubensbekenntnissen

sowie

in den lutherischen Bekenntnisschriften unserer Kirche: dem Augsburgischen Bekenntnis, der Apologie, den Schmalkaldischen Artikeln, dem Großen und dem Kleinen Katechismus Martin Luthers

oder

in der reformierten Bekenntnisschrift unserer Kirche: dem Heidelberger Katechismus

oder

in den reformatorischen Bekenntnisschriften unserer Kirche

und

wie es aufs neue bekannt worden ist in der Theologischen Erklärung der Bekenntnissynode von Barmen.«

Auch die Verpflichtung in der Ordinationsordnung, die für alle Kirchen des Bundes der Evangelischen Kirchen in der DDR 1980 in Kraft gesetzt worden ist, nennt die Theologische Erklärung, allerdings mit dem Zusatz, daß der Bezug auf Barmen in den Kirchen entfällt, »deren Verfassungen oder Grundordnungen die Theologische Erklärung von Barmen nicht oder nicht in vollem Umfang aufgenommen haben.«

In manchen Kirchen wird bei der Ordination ausdrücklich die Anerkennung der Grundartikel bzw. des Vorspruchs der Verfassung ausgesprochen. Sofern diese auf »Barmen« Bezug nehmen (z.B. Hessen und Nassau; Baden), gehört die Theologische Erklärung dadurch auch bei ihnen zur Bekenntnisverpflichtung der Ordinierten.

Barmen 1934/1984
Zur gegenwärtigen Bedeutung
der Theologischen Erklärung von Barmen

Gemeinsamer Text aus der Evangelischen Kirche in Deutschland und dem Bund der Evangelischen Kirchen in der DDR

Einführung

Der Rat der Evangelischen Kirche in Deutschland hatte die Leitung der Evangelischen Kirche im Rheinland gebeten, eine Absprache über Verlautbarungen zum 50. Jahrestag der Theologischen Erklärung von Barmen im Jahre 1984 herbeizuführen. Da es sich bei der Bekenntnissynode von 1934 in Barmen um ein Ereignis von gesamtkirchlicher Bedeutung handelt, traten auf Einladung von Präses D. Gerhard Brandt Vertreter der Evangelischen Kirche in Deutschland, der Evangelischen Kirche der Union, der Vereinigten Evangelisch-Lutherischen Kirche Deutschlands, der Arnoldshainer Konferenz, des Reformierten Bundes, der Evangelischen Arbeitsgemeinschaft für kirchliche Zeitgeschichte sowie der rheinischen und der westfälischen Kirche zu einer EKD-Kommission zusammen. Diese entschied sich nach eingehender Vorberatung für den Versuch, die gegenwärtige Bedeutung der Theologischen Erklärung in einer Ausarbeitung gemeinsam zu beschreiben.
Der Bund der Evangelischen Kirchen in der DDR hatte zur gleichen Zeit eine Kommission mit ähnlicher Aufgabenstellung eingesetzt. Diese wurde eingeladen, durch einen Gast Kontakt zu der Kommission in der Bundesrepublik Deutschland zu halten, weil es in der Bedeutung der Theologischen Erklärung von Barmen für die deutschen evangelischen Kirchen keinen Unterschied gibt, der sich aus der Zugehörigkeit zu den zwei deutschen Staaten herleitet. Diese gegenseitige Unterrichtung führte zu dem Wunsch, eine Hilfe zum heutigen Verständnis der Theologischen Erklärung in einem gemeinsamen Text zu geben. Ein solcher wurde am 18.1.1983 in einer Beratung beider Arbeitsgruppen in Berlin mit allgemeiner Zustimmung verabschiedet. (Die Mitglieder der beiden Kommissionen werden auf S. 88 namentlich genannt.)
Der Rat der Evangelischen Kirche in Deutschland hat diese Ausarbeitung mit Dank zur Kenntnis genommen und bestimmt, daß sie den Gliedkirchen zugeleitet wird mit der Bitte, sie an alle Pfarrämter weiterzugeben. Die Konferenz der Kirchenleitungen in der DDR hat beschlossen, »den erarbeiteten Text mit einem Begleitschreiben den Gliedkirchen als Arbeitsmaterial zuzuleiten mit der Bitte, ihn allen Pfarrkonventen weiterzugeben.«

1

Barmen 1934/1984

1984 sind 50 Jahre vergangen, seitdem am 31. Mai 1934 die erste
Bekenntnissynode der damaligen Deutschen Evangelischen Kirche
die Theologische Erklärung von Barmen als gemeinsame Bekenntnisaussage lutherischer, reformierter und unierter Christen formuliert hat. Das Gedenken an »Barmen« fällt in eine Zeit, in der die
christliche Kirche in besonderer Weise zum Zeugnis ihres Glaubens
und ihrer Hoffnung aufgerufen ist: Mehr und anders als je zuvor
werden die Menschen unserer Zeit von der Frage nach der Zukunft
bedrängt. Die wachsende Bedrohung des Friedens, die unaufhalt-
sam scheinende Zerstörung der Umwelt und die bedrückende Ver-
elendung eines Drittels der Menschheit sind die ungelösten Probleme, die die allgemeine Zukunftsangst heraufbeschwören und ver-
stärken. Viele Menschen werden dadurch gegenüber ihrem eigenen
Schicksal und auch dem Schicksal anderer gegenüber gleichgültig.
Zu dem allen darf die Kirche nicht schweigen. Ihr Glaube an den
dreieinigen Gott fordert das Bekenntnis der Christenheit heraus und
stellt sie in dieser Situation auch in die Mitverantwortung für das
Überleben der Menschheit: Gott, der die Welt ins Leben gerufen
hat, will, daß die Menschen seine Schöpfung im dankbaren Dienst an
den Geschöpfen hegen und nicht zerstören; Gott, der in Jesus Christus die Welt mit sich selbst versöhnt hat, will, daß die Menschen diese Versöhnung annehmen und untereinander im Bemühen um Frieden, Gerechtigkeit und Freiheit bewähren; Gott, der Menschen mit
seinem Geist begabt, will, daß sie als neue Gemeinschaft der Begnadigten und Hoffenden in der Nachfolge des Gekreuzigten und in der
Erwartung seines Kommens leben und handeln.
In dieser Situation ist es schmerzlich, wenn der allen Christen gemeinsame Glaube nicht einmütig bekannt und gelebt wird. Christen
wie Nichtchristen erwarten von den Kirchen Glaubwürdigkeit; sie
erwarten auch, daß die evangelischen Kirchen mit einem Munde reden und den Glauben an den einen Herrn gemeinsam bekennen.
Dabei werden die überkommenen Bekenntnisunterschiede heute
weithin als unerheblich angesehen. Andererseits gibt es Bekenntnisaussagen, in denen über die Jahrhunderte hinweg die fortdauernde
Geltung der Wahrheit des christlichen Glaubens gemeinsam bekannt wird. So hat die Barmer Synode in ihrer Erklärung bewußt auf
das Nizänum (Konstantinopel 381) und auf die reformatorischen
Bekenntnisse Bezug genommen. Dieser lebendige Zusammenhang

mit den Bekenntnisaussagen in der Geschichte der Kirche muß deshalb auch für das Verstehen und Auslegen der Barmer Theologischen Erklärung bedacht werden. Die Bekenntnissynode von Barmen formulierte erstmals in der nach-reformatorischen Kirchengeschichte einen aus aktuellem Bekennen erwachsenen Konsens, der trotz unterschiedlicher Rezeption für alle evangelischen Kirchen in Deutschland verbindlich geworden ist.

Die Besinnung auf die Entscheidungen von 1934 stellt uns vor die Aufgabe zu prüfen, in welcher Weise »Barmen« in den Herausforderungen unserer Zeit von Bedeutung ist und zu hilfreichen Antworten führen kann.

I. Zur historischen Bedeutung der Barmer Synode

Eine historische Würdigung muß das Ereignis von Barmen in den größeren Zusammenhang der damaligen kirchlichen, politischen und gesellschaftlichen Situation stellen.

Die historische Forschung fragt insbesondere nach dem Widerstand gegen das Unrechtsregime des Nationalsozialismus. Wie konnte es kommen, daß die Bekennende Kirche, die nicht eine politische Widerstandsbewegung sein wollte, dennoch eine der wirksamsten Kräfte geworden ist, an denen der umfassende Anspruch des Nationalsozialismus gescheitert ist?

Für das Verständnis der kirchen- und theologiegeschichtlichen Bedeutung der Barmer Theologischen Erklärung ist von besonderem Gewicht die Frage: Wie konnte dieses neue Bekenntnis — in verbindlicher Auslegung der überkommenen Lehr- und Bekenntnistradition auf die geschichtliche Situation von 1933/34 hin — entstehen und eine derart kritisch scheidende und zugleich sammelnde Kraft gewinnen?

Die Barmer Theologische Erklärung hatte aber nicht nur Bedeutung als grundlegende Aussage der Bekennenden Kirche im Kirchenkampf. Sie hat auch die Geschichte von Theologie und Kirche nach 1945 im deutschen Protestantismus und darüber hinaus nachhaltig beeinflußt. Wer die historische Bedeutung von Barmen aufzeigen will, kann nicht an der vielfältigen Wirkungs- und Rezeptionsgeschichte der Theologischen Erklärung vorbeigehen; wobei zu dieser Geschichte viele noch nicht voll aufgearbeitete Kontroversen gehören, die bis in die Zeit vor 1945 zurückreichen.

II. Zur aktuellen Bedeutung der Barmer Theologischen Erklärung für die Gemeinde

Welche Bedeutung hat die Barmer Theologische Erklärung für den Glauben und das Leben der christlichen Gemeinde heute und welche kann sie unter den erheblich veränderten Bedingungen unserer Gegenwart neu gewinnen?
In der Grundordnung der Evangelischen Kirche in Deutschland von 1948 heißt es: »Mit ihren Gliedkirchen bejaht die Evangelische Kirche in Deutschland die von der ersten Bekenntnissynode in Barmen getroffenen Entscheidungen. Sie weiß sich verpflichtet, als bekennende Kirche die Erkenntnisse des Kirchenkampfes über Wesen, Auftrag und Ordnung der Kirche zur Auswirkung zu bringen« (Art. 1 Abs. 2). Analog dazu heißt es in der Ordnung des Bundes der Evangelischen Kirchen in der Deutschen Demokratischen Republik von 1969: »Mit seinen Gliedkirchen bejaht der Bund die von der ersten Bekenntnissynode in Barmen getroffenen Entscheidungen. Er ruft die Gliedkirchen zum Hören auf das Zeugnis der Brüder. Er hilft ihnen zur gemeinsamen Abwehr kirchenzerstörender Irrlehre« (Art. 1 Abs. 3). Das »Jubiläum« der Barmer Theologischen Erklärung wirft die Frage auf: Wie löst die evangelische Christenheit in Deutschland — die Kirchen wie jede einzelne Gemeinde — diesen Anspruch, »bekennende Kirche« zu sein, heute ein? Welches sind die in Barmen getroffenen Grundentscheidungen, und wie sind sie im Blick auf den heutigen Auftrag der Kirche und die drängenden Probleme unserer Zeit auszulegen?

1. »Jesus Christus, das eine Wort Gottes« — die grundlegende theologische Entscheidung von Barmen

Die erste Barmer These hat in der Vergangenheit und Gegenwart die kritische Funktion, Kirche und Theologie »zur Sache« zu rufen, nämlich auf ihren einzigen und ausschließlichen Grund zu verpflichten: Gott selbst, wie er sich in Jesus Christus offenbart hat. Jesus Christus als das eine und letztgültige, in der Heiligen Schrift Alten und Neuen Testaments bezeugte Wort Gottes ist darum allein Quelle und Norm für alle kirchliche Verkündigung.
Mit dieser ersten und grundlegenden These hat die Barmer Theologische Erklärung den reformatorischen Grundartikel von der Rechtfertigung allein durch den Glauben auf die christliche Gottes- und Offenbarungslehre angewandt und ausgelegt. Wie es außer und neben der Rechtfertigung durch den Glauben nicht auch noch eine Rechtfertigung durch die Werke gibt, so steht und fällt die christliche

Erkenntnis und Rede von Gott damit, daß sie nicht außer und neben dem biblisch bezeugten Wort Gottes auch noch »anderen Mächten, Gestalten und Wahrheiten« Offenbarungsqualität zuerkennt.

Dieser Ruf zur Sache durch die erste Barmer These ist auslegungsfähig, aber auch auslegungsbedürftig in den Grundfragen heutiger Theologie und Verkündigung: in der Gottesfrage und den Bemühungen um eine trinitarische Gotteslehre in Aufnahme des altkirchlichen Bekenntnisses; in der hermeneutischen Diskussion und Aufgabe einer biblischen Theologie, die auch das Gespräch zwischen Christen und Juden einbezieht; in den Fragen des Verhältnisses von Gesetz und Evangelium, von Glaube und Erfahrung, von Theologie und Humanwissenschaften, von Christentum und Religionen wie Ideologien.

2. Die christliche Kirche als »Gemeinde von Brüdern« — die ekklesiologische Grundentscheidung von Barmen

Den Schwerpunkt der Theologischen Erklärung bildet, verständlich vor dem Hintergrund der Situation von 1934, die dritte These im Zusammenhang mit den folgenden Thesen mit ihren Aussagen über Wahrheit, Gestalt und Auftrag der Kirche. In Konsequenz der ersten These stellt die dritte These heraus: Die Wahrheit der christlichen Kirche ist Jesus Christus selbst, der in Wort und Sakrament durch den Heiligen Geist konstitutiv an und in der Kirche handelt. Zu dieser Wahrheit gehört neben dem Geschehen von Wort und Sakrament aber auch die Wirklichkeit und Gestalt des Leibes Christi als Gemeinde von Schwestern und Brüdern. Von daher ist der Auftrag der Kirche als Zeugnisauftrag im umfassenden Sinne zu verstehen: »Sie hat mit ihrem Glauben wie mit ihrem Gehorsam, mit ihrer Botschaft wie mit ihrer Ordnung zu bezeugen . . .«

Die dritte Barmer These ist darum in Verbindung mit den folgenden Thesen auslegungsfähig und -bedürftig in den Fragen und Aufgaben, vor die sich heute die Kirche gestellt sieht. Als solche sind unter anderem zu nennen: der Auftrag der Kirche in einer »nachchristlichen«, säkularisierten Gesellschaft; der Aufbau einer missionarischen und diakonischen Gemeinde; das Amt in der Kirche und die verantwortliche Beteiligung aller Gemeindeglieder an der »Ausübung des der ganzen Gemeinde anvertrauten und befohlenen Dienstes« (These IV); die Praxis des Gottesdienstes, der christlichen Unterweisung und der Amtshandlungen in Ausrichtung der »Botschaft von der freien Gnade Gottes an alles Volk« (These VI).

3.   Jesus Christus als Gottes »Zuspruch der Vergebung aller unserer Sünden« und »Anspruch auf unser ganzes Leben« — die ethische Grundentscheidung von Barmen

Wiederum in der Konsequenz der ersten These trifft die Theologische Erklärung eine Grundentscheidung im Blick auf den Ansatz christlicher Ethik: Alles Handeln des einzelnen Christen wie der ganzen christlichen Kirche geht von der Gewißheit aus, daß der gekreuzigte und auferstandene Jesus Christus der Herr ist, dem alle Gewalt im Himmel und auf Erden gegeben ist. Die Mächte, die sich ihm jetzt noch entgegenstellen, werden endgültig von ihm überwunden sein. Schon jetzt aber hat er die Herrschaft angetreten in der Kraft seines Wortes und Geistes: durch den Zuspruch der Sündenvergebung und durch die »Befreiung aus den gottlosen Bindungen dieser Welt zu freiem, dankbarem Dienst an seinen Geschöpfen«. Von daher ergeben sich grundlegende Gesichtspunkte und Stichworte für die heutige ethisch-politische Diskussion:
— Christliche Ethik gründet in dem einen und einheitlichen Willen Gottes, wie er in Jesus Christus als dem einen Wort Gottes in Gesetz und Evangelium offenbar ist;
— »Zuspruch und Anspruch auf unser ganzes Leben« — das bedeutet: Es gibt keine Bereiche, »in denen wir nicht Jesus Christus, sondern anderen Herren zu eigen wären«;
— Christliche Ethik ist eine Ethik des Dienens in der Nachfolge des Gekreuzigten am Menschen und insbesondere am hilfsbedürftigen Nächsten, darüber hinaus auch an der außermenschlichen Schöpfung.
Die ethische Grundentscheidung der zweiten These ist bei der Auslegung der fünften These besonders zu beachten und zu bewähren. Denn in dieser These geht es nicht nur — in der Frontstellung gegen den damaligen Weltanschauungsstaat — um die unterschiedlichen Bestimmungen von Staat und Kirche, sondern auch um die Grundfragen einer christlichen Ethik des Politischen.

Exkurs zur gegenwärtigen Diskussion der fünften Barmer These

Mit Recht empfindet man den Abstand von 50 Jahren zur Synode von Barmen im Blick auf die fünfte These am stärksten. Auf dem Grund heutiger Erkenntnisse über die nationalsozialistische Gewaltherrschaft befremdet die Tatsache, daß die fünfte These und ihre Verwerfungssätze zwar die Grenzen zwischen Kirche und Staat markieren, aber die Unrechts- und Verfolgungsmaßnahmen, die es auch 1934 schon gab, nicht beim Namen nennen. Mit keinem Wort erwähnen sie die Diskriminierung der Juden.

Dies tut der grundsätzlichen Geltung der fünften Barmer These jedoch keinen Abbruch. Es macht im Gegenteil die Aufgabe einer sorgfältigen und verantwortlichen Auslegung für die veränderte Situation unserer Gegenwart besonders dringlich.

Auch heute bleibt die Einsicht der fünften These in die unterschiedlichen Bestimmungen von Staat und Kirche bestehen. So hat der Staat seine Aufgabe in der Sorge für Recht und Frieden und kann in unserer »noch nicht erlösten Welt« dabei auch auf die Androhung und Anwendung von Zwangsmitteln nicht verzichten. Dagegen ist es die Aufgabe der Kirche, an Recht und Frieden im Licht der Verheißung des Reiches Gottes und seiner Gerechtigkeit zu erinnern. Die fünfte These kann nicht isoliert von der zweiten ausgelegt werden, die zu der befreienden Erkenntnis führt: Auch im Raum des Politischen leben wir mit allen Menschen im Herrschaftsbereich Jesu Christi und werden darum als Christen keineswegs aus dem Bekenntnis und Gehorsam gegenüber unserem Herrn entlassen. Dieses Bekenntnis und dieser Gehorsam müssen aber — gemäß der fünften These — im Feld der politischen Verantwortung die Gestalt politischer Meinungs- und Willensbildung »nach dem Maß menschlicher Einsicht und menschlichen Vermögens« annehmen. Von dem Wissen um Gottes Zuspruch und Anspruch her können Christen ohne Berührungsangst, aber auch ohne Überlegenheitsgefühl zusammen mit Nichtchristen politisch vernünftige Entscheidungen suchen.

Der Staat ist bei der Wahrnehmung seiner Aufgabe in der Sorge für Recht und Frieden auf die ständige und auch politisch bedeutsame »Erinnerung an Gottes Reich, an Gottes Gebot und Gerechtigkeit« angewiesen. Es fällt vor allem in die Verantwortung der Christen, alle staatlich zu vollziehende und von ihnen mitzuverantwortende »Androhung und Ausübung von Gewalt« daraufhin zu prüfen, ob sie mit dem Zielbegriff christlicher Ethik vereinbar ist: nämlich mit dem »dankbaren Dienst an Gottes Geschöpfen« aufgrund der »frohen Befreiung aus den gottlosen Bindungen dieser Welt«.

Bei der Auslegung der fünften Barmer These gibt es im Blick auf eine der brennendsten Fragen unserer Zeit — der Frage der Massenvernichtungswaffen — einen uneingeschränkten Konsens. Dankbar darf festgestellt werden: Evangelische Christen in Ost und West sind sich einig im unbedingten Nein zum militärischen Einsatz von Massenvernichtungswaffen. Ein solcher Einsatz ist als staatliche Anwendung von Gewalt im Sinne der fünften Barmer These nicht zu rechtfertigen, da er das Ende staatlicher Rechts- und Friedenssicherung bedeuten würde.

In der Frage, ob nicht schon mit der Bereithaltung von Massenvernichtungswaffen zum Zweck der Friedenssicherung die Grenzen einer legitimen Androhung von Gewalt überschritten werden, bestehen dagegen nach wie vor kontroverse Auffassungen — von allen Seiten wird jedoch anerkannt, daß das System der gegenseitigen Abschreckung durch Massenvernichtungswaffen auf die Dauer nicht zu rechtfertigen ist und daß die Bemühung um Abrüstung und um eine umfassende politische Friedensordnung unbedingten Vorrang haben muß, wenn anders Christen ihren politischen Auftrag der »Erinnerung an Gottes Reich, an Gottes Gebot und Gerechtigkeit« glaubwürdig wahrnehmen wollen.

In aller Bedrängnis durch die politischen Probleme und in aller Anfechtung durch die Ängste unserer Zeit lebt die christliche Gemeinde aus der Zuversicht des Glaubens: »Sie vertraut und gehorcht der Kraft des Wortes, durch das Gott alle Dinge trägt.«

III. Die Bedeutung von »Barmen« für die Gemeinschaft der evangelischen Christenheit in Deutschland

Das Zusammengehörigkeitsbewußtsein der Christen in den reformatorischen Kirchen Deutschlands stand schon im 19. Jahrhundert in Spannung zu der Aufgliederung in einzelne Landeskirchen wie zu der konfessionellen Unterschiedenheit lutherischer, reformierter und unierter Gemeinden oder Kirchen. Durch den Zusammenschluß der Landeskirchen im Deutschen Evangelischen Kirchenbund von 1922 und die Bildung der Deutschen Evangelischen Kirche 1933 als Reichskirche kamen die konfessionell verschiedenen Kirchen einander näher. Die Bekennende Kirche stellte mit der Barmer Theologischen Erklärung 1934 dann unverrückbar heraus, daß Kirchengemeinschaft nicht allein Sache der äußeren Organisation sein kann. Sie kann sich auch nicht im bloßen Festhalten der überlieferten Normen erschöpfen, sondern muß sich — wenn es die Not erfordert — in neuem Bekennen bewähren, weil sie im Bekenntnis gründet, das letztlich immer Christusbekenntnis auf dem Grund der Heiligen Schrift ist.

Das gemeinsame Reden der in Barmen versammelten Vertreter lutherischer, reformierter und unierter Kirchen war ein neues Bekennen. Aber die Synodalen in Barmen haben gleichwohl betont, daß sie ihren »verschiedenen Bekenntnissen treu sein und bleiben wollen« und haben dann gesagt: »Wir befehlen es Gott, was dies für das Verhältnis der Bekenntniskirchen untereinander bedeuten mag.«

Mit der Stuttgarter Erklärung vom 19. Oktober 1945 stellte der Rat der EKD neben das Bekenntnis des Glaubens und die Verwerfung der Irrlehre das Bekenntnis der Schuld der Kirche, auch der Bekennenden Kirche, und bejahte gerade so die gemeinsame Verantwortung und Verpflichtung der evangelischen Christenheit in Deutschland für ihre Geschichte.

Lutheraner, Reformierte und Unierte haben das Gespräch nicht abreißen lassen. Sie haben seit der Synode von Barmen vor allem wieder die Frage zu lösen versucht, wie das Verhältnis von vorgegebenem Bekenntnis und neuem Bekennen zu bestimmen und wieweit das gemeinsame Reden in Barmen bereits das Bekenntnis sei, das volle Kirchengemeinschaft zu tragen vermöge. Strittig blieb für lange Zeit auch, ob erst das Aufarbeiten der noch nicht geklärten Bekenntnisunterschiede einschließlich der wechselseitigen Verwerfungen den Weg zur Abendmahlsgemeinschaft öffnen könne, ohne die Kirchengemeinschaft unabgeschlossen bleibt. Ein auf Entscheidung drängendes Problem war dies vor allem für die lutherischen und reformierten Kirchen, während für unierte Kirchen die praktizierte Abendmahlsgemeinschaft konstitutiv war. Eine allen gemeinsame Antwort ist schließlich in einem Deutschland übergreifenden ökumenischen Rahmen möglich geworden: durch die Leuenberger Konkordie von 1973.

Die auf der Barmer Synode erfahrene Gemeinschaft hat auch Impulse ausgelöst, die gegenwärtige Gestalt der Evangelischen Kirche in Deutschland und ebenso die des Bundes der Evangelischen Kirchen in der DDR zu verändern, um die Einheit der alle Gliedkirchen umfassenden Gesamtkirche deutlicher zum Ausdruck zu bringen. Bei diesen Bemühungen wurde »Barmen« manchmal jedoch in unterschiedlicher Weise in Anspruch genommen, und schmerzliche Auseinandersetzungen unter Christen blieben nicht aus. Im Westen wie im Osten Deutschlands besteht weiterhin die Aufgabe, die Gemeinschaft der Kirchen untereinander zu vertiefen.

Die bereits gelebte Gemeinschaft der Christen hat angesichts äußerer und innerer Herausforderungen und Anfechtungen in den Kirchen einen Lernprozeß in Gang gesetzt. Die Christen in den beiden deutschen Staaten müssen lernen, gerade in Spannungen unter dem Evangelium zusammenzubleiben. Das gilt für die einen in ihrer Auseinandersetzung um Chancen und Grenzen der Volkskirche, für die anderen in ihrem Bemühen, als Kirche in der sozialistischen Gesellschaft zu leben, für beide in dem Konflikt um die rechte Wahrnehmung ihrer Weltverantwortung.

Für die lutherischen, reformierten und unierten Landeskirchen in Deutschland ist die Theologische Erklärung von Barmen nicht nur ein Hinweis auf die gemeinsame Geschichte und die Tradition der Bekennenden Kirche, sondern eine alle verbindende Bekenntnisaussage. Die Besinnung auf Barmen ist ein Ruf zur Gemeinschaft unter dem Evangelium, ist Ruf zum Bekenntnis und Bekennen, zur Buße und zum Glauben.

IV. Die Bedeutung von »Barmen« für die Ökumene

Der Kampf um die Treue zum Evangelium in der Zeit der nationalsozialistischen Herrschaft und die gemeinsame Anfechtung haben
die ganze Christenheit in Deutschland zusammengeführt. Die Bekenntnissynode von Barmen und ihre Theologische Erklärung hatten von Anfang an aber auch über Deutschland hinaus hohen Sym-
bolwert; sie gehören selbst in die Geschichte der ökumenischen Bewegung hinein, die 1948 zur Konstituierung des Ökumenischen Rates der Kirchen führte. Es gibt reformierte und unierte Kirchen —
z.B. die United Presbyterian Church in den USA —, die die Barmer
Erklärung als Bekenntnis zu ihrer Tradition zählen und in der Ordi-
nationsverpflichtung darauf Bezug nehmen.
In jüngster Zeit haben die Barmer Theologische Erklärung und der
Kampf der Kirchen gegen den Nationalsozialismus, gerade auch in
von Deutschen besetzten Ländern, für viele Kirchen als Anstoß gewirkt, sich dem Rassismus, besonders im südlichen Afrika, zu wider-
setzen. Auf dem Hintergrund der Erfahrungen des Kirchenkampfes
hat z.B. der Lutherische Weltbund in Daressalam 1977 die Stellung
zur Apartheid zur Bekenntnisfrage erklärt (status confessionis), weil
die Apartheid die Verwirklichung der im gemeinsamen Bekenntnis
gegebenen Einheit der Christen verhindert. Der Reformierte Weltbund hat sich 1982 in Ottawa in gleicher Weise entschieden.
Die Synode von Barmen ist im ökumenischen Kontext für die ganze
Christenheit ein Ansporn, ihre Zerspaltenheit zu überwinden. Das
kann nur so geschehen, daß zu prüfen ist, wie weit unterschiedliche
Ausdrucksformen für die gemeinsam gelehrte, gelebte und bekannte Wahrheit wechselseitig anerkannt werden können. Die Synode
von Barmen im ökumenischen Kontext ist ein Beispiel dafür, daß im
gemeinsamen Bekenntnis zu Jesus Christus und damit zum dreieinigen Gott die Einheit der Kirche und der lebendige Zusammenhang
der Wahrheit des christlichen Glaubens in alten und neuen Formulierungen zum Ausdruck kommt.

2

Mitglieder der Kommissionen

Evangelische Kirche in Deutschland:

1. Landeskirchenrat Erich Anders, Düsseldorf
2. Oberkirchenrat Klaus Joachim Baschang, Karlsruhe
3. Präses D. Gerhardt Brandt, Düsseldorf
4. Oberkirchenrat Dr. Alfred Burgsmüller, Berlin
5. Oberkirchenrat Dr. Horst Echternach, Hannover
6. Professor D. Hans Helmut Eßer, Horstmar
7. Oberkirchenrat Dr. Hans Christian Knuth, Hannover
8. Präsident Peter Kraske, Berlin
9. Professor D. Georg Kretschmar, München
10. Präsident Dr. Hartmut Löwe, Hannover
11. Vizepräsident D. Philipp Meyer, Hannover
12. Dr. Carsten Nicolaisen, München
13. Landeskirchenrat Enno Obendiek, Düsseldorf
14. Oberkirchenrat Hans Ulrich Stephan, Düsseldorf
15. Oberkirchenrat Dr. Martin Stiewe, Bielefeld
16. Direktor Dr. Rudolf Weth, Neukirchen-Vluyn
17. Pfarrer Dr. Rolf Wischnath, Soest

Bund der Evangelischen Kirchen in der DDR:

1. Konsistorialrat Gotthard Bunzel, Görlitz
2. Propst Hans-Georg Haberecht, Anklam
3. Dr. Johannes Langhoff, Berlin-Pankow
4. Hartmut Ludwig, Berlin-Schöneiche
5. Dozent Dr. Martin Onnasch, Naumburg
6. Dr. Götz Planer-Friedrich, Berlin
7. Pfarrer Wilfried Romberg, Ludwigslust
8. Pfarrer Dr. Bernt Satlow, Fischbach
9. Kreisoberpfarrer Christoph Schröter, Ballenstedt
10. Oberkirchenrat Rudolf Schulze, Berlin
11. Superintendent Hermann Sparsbrod, Neustadt (Orla)
12. Propst Dr. Friedrich Winter, Berlin
13. Oberkirchenrat Gerhard Zachhuber, Magdeburg